芦原英幸
サバキの真髄

天才空手家が遺した〝打たせず打つ〟術理

松宮康生

BAB JAPAN

はじめに

　この本は、天才空手家と言われた芦原英幸《あしはらひでゆき》先生から学んだ「サバキ」という術理について書かれたものである。私は、元は伝統派空手の指導員をしていた。ある時、芦原先生の指導を見に行く機会があり、その技の凄さや華麗な身のこなしに魅了されたのであった。そしてその後は、約22年の長きにわたり芦原先生の指導を受けることになった。

　当時芦原先生は、国際空手道連盟・極真会館の四国支部長の任を任されていた。しかし、その分支部は関西、中国、九州地域までにも広がっていた。梶原一騎原作／影丸穣也劇画で週刊雑誌に連載された『空手バカ一代』では、「ケンカ十段」という渾名《あだな》がついた芦原先生が、物語の中で縦横無尽に活躍する様が描かれた。その人気は凄まじく、当時の芦原道場では一度に百人を超す道場生が稽古するという状況が起こった。そのため稽古に来たはいいが、最初から最初まで道場に入れず路上で稽古して終わったという道場生も多く出た。さらにその人気は、映画「地上最強のカラテ」での氷柱割りや自然石割り、多人数掛けなどの実写映像での人気も加わり、毎日入門者が後を絶たないという状況が生まれた。

　その強さは、単に物語や映画の世界だけのものではなかった。芦原先生は、生死を駆けた真剣勝負においては、生涯無敗を誇った。多くの挑戦者が芦原先生に挑み敗れた。その多くが泥にまみれながらつぶやいた。「芦原のカラテはどこか違う……」と。超人的な動きで技が見えないとまで言われた男の秘密とは何だったのか？　この本は、そうした芦原の秘密に迫った唯一の書籍である。

私は、芦原先生のもとで長年学び、常にメモを取ってきた。そのメモだけで三十冊を超える。さらに芦原先生からいただいた写真やメモ・資料などは、三千点を超える。さらに私自身が撮影した映像や芦原先生からいただいた映像も多くある。私は、そうした資料を元に現在も芦原先生の「サバキ」という技術を研究し続けている。幸いにも芦原先生の生まれ故郷に取材し、その人生の足跡を辿った『ケンカ十段と呼ばれた男 芦原英幸』（日貿出版社）という伝記を上梓することができた。もちろんその中には、芦原先生から伺ったトレーニング技術や技の細かなコツなどについても書けるだけ書いたつもりである。しかし、空手の技術となればなかなかすべてを文字だけで表現し理解することは、難しい面があった。

芦原先生の「サバキ」は、生前の芦原先生が語っておられたように「形だけ真似ても技を会得したことにはならない」ということがいえる。それは、私自身が芦原先生の組手の相手をさせていただき身体で感じたことであった。この本が、『サバキ』を研究する人々の参考になれば幸いである。

令和元年十二月吉日　松宮康生

イラスト／ⓒ影丸穣也

CONTENTS

CONTENTS

※本書では原則、敬称を
略させていただいております。

第1章

芦原英幸の
手裏剣打ち（1）

ケンカ十段と武器術

「ケンカ十段」と呼ばれた天才的な武道家がいた。元極真会館の愛媛支部長を務め、その後、極真会館を離れ自流の『新国際空手道連盟芦原会館』を創始した人物、芦原英幸である。その強さは、当時極真でも大山倍達の懐刀と言われたほどの実力を持ち、極真時代には中山猛夫や二宮城光といった強い選手を育て上げた。またその後は多くの優秀な弟子を輩出し、彼らは一流一派を立ち上げ活躍している。

一般によく知られているところでは、K―1を作った正道会館の石井和義、円心会館の二宮城光、英武館の松本英樹、中元会館の中元憲義、英心会館の石本誠、心体育道の廣原誠、護道の廣木道心、円誠塾の伊藤泰三、北武拳の山崎淳史など数多く存在する。

芦原の指導する技術には、独自のものがあり、それは極真時代から際立ったものがあった。極真会館四国支部長となって以後は、ボクシング、ムエタイ、沖縄唐手、大東流合気柔術、養神館合気道、少林寺拳法、古武道などあらゆる武道を研究している。芦原は、生まれつき卓越した武道の才能を持ち、その才能が生来持つ研究熱心さにより磨かれていったと考えられる。芦原のそういった努力は、後に「サバキ」と呼ばれる技術体系にまとめられる。

芦原の技術は、まず書籍やビデオという形でまとめられた。早くから技術ビデオの作成を考え、映像による指導の有効性を試行錯誤していた。

芦原の技術は、空手という領域に留まることなく、警察や軍隊など危険な任務につく者たちに有効な技術にも目を向けられた。そうした技術の研究の一端が、沖縄の武器術であるトンファーを改良した特殊警棒の開発であった。

当時すでに海外の警察等では、Tバトンと呼ばれる特殊警棒を使用しており、私が個人的に親しい友人がいるアメリカのサンフランシスコ市警察では犯人逮捕の現場で、そのTバトンが実に効果的に使用されていた。しかし、このTバトンは日本の警察で使用されている警棒よりもサイズも重量もあり、日本の警察で使う警棒としては決して使い勝手の良い警棒ではなかった。

芦原は、日本の警察官のために新たなる特殊警棒の開発にも取り組んだのだった。芦原は、今まであっ

いわゆるフルコンタクト空手の総本山といえる極真空手から派生した会派の中で、独特の技術体系をもって独自の道を歩む芦原空手。その体系は、"芦原英幸"という一人の類い稀な才能を発揮した空手家によって確立された。

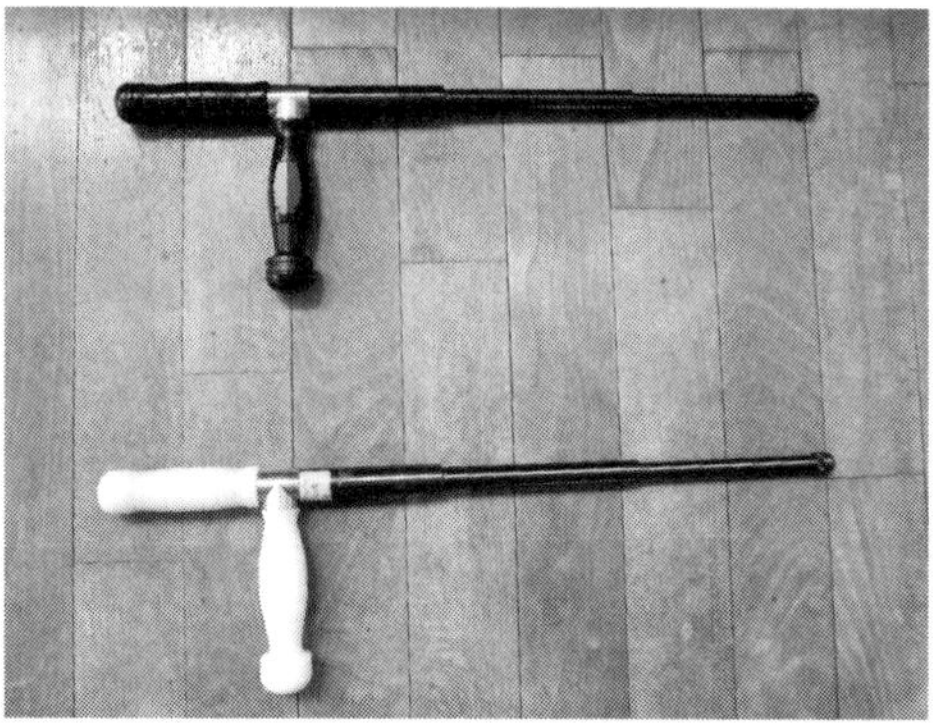

芦原師範がその晩年、心血を注いで開発に取り組んだ、伸縮様式の特殊警棒である通称「Aバトン」。

た特殊警棒を改良し、さらに実用性が高く誰にでも短期間でその技術を習得できる特殊警棒として芦原バトン（通称はAバトン）を開発した。芦原自身は、こうした武器の扱いについても豊富な知識とアイデアを持っていた。空手における身体操作の向上は、武器術の扱いの向上にも大きく役立つものであることは、常に道場でも語っていた。

　あまり知られていないことであるが、芦原は武器術に関しても博学で、実戦的な技術を研究していた。その中でも特に芦原流の手裏剣術は、映画「地上最強のカラテ」などでも一般に紹介され大きな評判となった。

　私は、そんな芦原のもとで長年にわたって指導を受けてきた者である。一時期は、芦原の秘書的な仕事を任されもした。

そんな日常のなかで弟子であった私は、芦原の一挙手一投足に目を凝らし、技を盗もうとしたものであった。芦原もそんな私の気持ちを知ってか知らずか、折に触れ道場では決して明かさない技のコツやヒントを与えてくれた。そしてそのことが、芦原の技術を今でも研究するきっかけとなったのだ。

　当時の私は、そんな芦原からの教えを大学ノートにメモした。そうしたノートは、三十冊以上ある。そうしたメモの一部は、拙著『ケンカ十段と呼ばれた男 芦原英幸』（日貿出版社刊）のなかでも紹介している。『ケンカ十段と呼ばれた男 芦原英幸』が、主に芦原英幸の生涯にスポットを当てたものとするならば、ここで紹介するのは実際に当時芦原が指導してきた技であり、その術理である。

そういう意味では、芦原が極真会館から独立し自身の流派『芦原会館』を立ち上げ、芦原のオリジナルテクニックであるサバキが完成していく過程の技の変遷と、その根底にあるサバキという技術の深層について、検証してきた研究の成果をここで書いていきたい。

衝撃！芦原英幸の手裏剣打ち

芦原師範がその特技を公に披露した極真空手第８回全日本大会における手裏剣打ち演武。古流の手裏剣打ちとは明らかに違う、豪快なその試技は全国のファンに衝撃を与えた。

まず最初に紹介するのは、芦原の手裏剣打ちの技術についてである。芦原が、どのようにして手裏剣打ちの技術を身につけその術理はどのようなものであったのかについて述べていきたい。

芦原が、世間に手裏剣打ちの名手としてその名前が広まるようになった直接の原因は、梶原一騎原作・影丸穣也（譲也から晩年に改名）作画の『空手バカ一代』においてであった。これは１９７０年代に少年誌『少年マガジンによって一大ブームを引き起こした作品であった。時同じくして映画「地上最強のカラテ」において芦原が、道着に袴姿で大振りの自家製手裏剣を的に向けて投げる姿は圧巻の一言であった。当時の若者の中には、そのシーンを見たいがために何度も映画館に通ったという者もいたという（現在この映画はＤＶＤ化されており、その時の様子をＤＶＤで確認することが可能である）。

この映画が公開されて後、芦原のもとには、「手裏剣打ちを習いたい」とか、「芦原の作った手裏剣を売ってほしい」という電話が、頻繁にかかってきて、当時の職員たちは困った顔をしていたのをよく覚えている。映画で紹介されたのは、極真会館が主催した第８回全日本空手道選手権大会での特別演武の様子であった。この映画「地上最強のカラテ」では、芦原の手裏剣打ちの映像以外にも氷柱十五段足刀割り、自然石割り、多人数の捌きなどが紹介された。この映画が公開されたことで芦原は、一躍、時の人になった。

他にもいくつか芦原が手裏剣打ちをした映像は存在するが、それらの映像を見ても芦原の手裏剣打ちをマネることは難しい。ではどうすれば、手裏剣打ちをマスターできるのだろうか？

ここで語られるのは、「ケンカ十段と呼ばれた男 芦原英幸 パート２ 術理編」なのである。

芦原流手裏剣術の原点

芦原の手裏剣打ちは、いつ誰から学んだものなのか？ それは多くの者が考えた疑問だった。芦原は、大振りの手裏剣を片手に構えると大きなアクションで標的に手裏剣を打つ。それは、人々が一般に想像

『空手バカ一代（第 15 巻）』（梶原一騎作・影丸穣也画）の中で、師・大山倍達に（なぜか包丁で）手裏剣打ちの指導を受ける芦原英幸。これは漫画の中でのフィクション。芦原師範自身は「我流だよ」と答えている。ⓒ梶原一騎・影丸穣也／講談社

するイメージを遥かに超えるダイナミックさがある。多くの若者が、学びたいと思ったのも納得できる。

では、まず芦原は、この手裏剣打ち（手裏剣投げという人もいるが、正式には「手裏剣打ち」というのが正しい）を誰から学んだのだろうか？

私は、その昔、芦原に直接その疑問をぶつけたことがあった。

「芦原先生、手裏剣打ちは誰から学ばれたのでしょうか？」

すると芦原は、

「誰からもならっちょらんけん。あれはまったく芦原の我流じゃけん。先生なんかはおらんのよ」

それが、芦原の答えだったのだ。

梶原一騎が書いた『空手バカ一代』のなかでは、海外から来た道場生ジョン・ブルミン・

元々、板金の仕事をしていた芦原師範は、器用に手製の手裏剣を造っては愛用していた。上（写真）は『ケンカ十段と呼ばれた男 芦原英幸』出版記念として開催された芦原英幸グッズフェアで公開された芦原師範手製の手裏剣。これは親交の厚かった長谷川一幸師範（写真／下）に贈られたものだが、そのバランスの良さ、手になじむ感覚が素晴らしい逸品である（写真提供／日本武道具）。

手製の手裏剣にも様々な形が模索されたようだ。

の死闘を控えた芦原に師匠である大山倍達館長が、手裏剣の投げ方を指導するという話になっている。

しかしそれは、梶原のつくり話であり、実際にそのような事実はなかった。

芦原からは、「芦原の手裏剣は、我流だよ」という以上のことは、聞けなかった。しかし私は、芦原の手裏剣打ちは我流だというだけではなく、もっと何かあるに違いないと考え様々な人を訪ねてまわった。極真時代の芦原のＯＢにもあたり尋ねてみたが、みんな芦原が板金の仕事をしていたので、日本刀やナイフ、手裏剣などの武器を自作していたということは知っていたが、そういった技術をどこでどのように身につけたかを知る人間には出会うことはなかった。

そしてその答えは、思いもよらぬところから出てきた。それは、私が本の取材で訪れた広島の江田島で出会ったある人物からもたらされた。その人物とは、芦原の同級生であった空本秀行という人物であった。この人物は、小学校から中学校、さらに東京での就職先までずっと芦原と一緒だった人物であり、芦原の竹馬の友であった。

芦原の生家は、広島の江田島の能美町という所にあり、今でも芦原が生まれ育った家は、そこに現存している。江田島は、現在でも多くの自然が残る瀬戸内海に浮かぶ島である。そんな自然の中で育った子供たちは、テレビやゲームといった娯楽とは無縁の環境で育つことになる。つまるところ、自然しかない場所で、子供たちは、自分たちで遊びを創造していくしかなかった。そんななかで、芦原や空本が当時熱中した遊びがある。それが、「ねんがり」という遊びで、同じような遊びは、当時いろんな地域で行われていたらしい。しかし、現在ではその存在すら知らない人が多い。この「ねんがり」の呼び名やルールは場所により異なっている。

芦原が熱中した「ねんがり」とは？

この遊びは、木の枝を削って棒状の投げる棒を作る。それは、まっすぐの形状の枝よりも、先のほうが少し曲がった形状のものが良いとされた。ジャンケンで、先攻、後攻を決める。負けたほうは、自分の棒を田んぼに倒されにくいように突き刺す。勝った者は、自分の棒を相手の棒に打ち当てるようにして投げる。自分の棒が相手の棒を倒し、その場で倒れることなく立っていられれば自分の勝ちとなり、

中学時代の芦原師範と親友の空本秀行氏（左）。空本氏が語る少年時代の遊び「ねんがり」が芦原師範の手裏剣のルーツなのか？

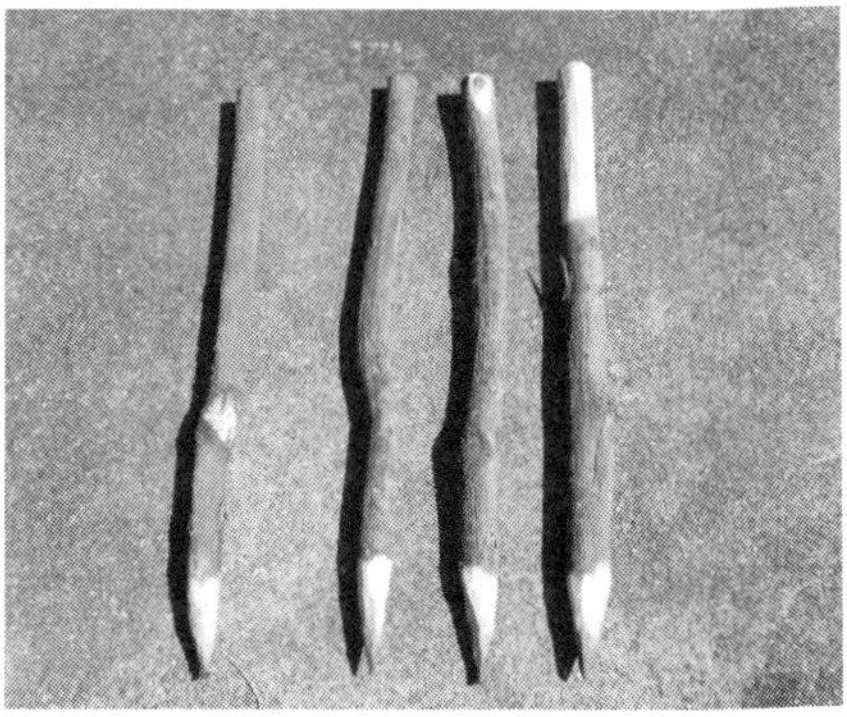

空本秀行氏により再現された「ねんがり」。これを田んぼに刺して奪い合った。

相手の棒を自分のものにすることができる。相手の弱点を見抜きそこに自分の棒を打ち込むゲームと言えた。

この「ねんがり」という言葉は、もともとは「五寸釘を、地面に打ち立てる遊び」のことを指していた。したがって木の枝ではなく、実際に五寸釘を使って遊んでいたところもあったらしい。空本氏いわく、芦原先生の勝率は100％近かったという。物を投げて標的を倒す、この一見簡単そうに見える動きにこそ、手裏剣打ちの秘密が隠されていたといえるだろう。

まず芦原が、幼少時からモノを投げて、標的あるいは目標物に当てるという感覚が一般人よりも優れていたということは、間違いない事実である。「武道における達人とは、すべからく、その萌芽が幼少時に存在する」という言葉があるように、芦原は幼少時から極めて武道的センスに恵まれていた人物だったといえるだろう。しかし、それで終わってしまっては意味がないわけで、要はどうすれば芦原のような手裏剣打ちができるのかということだった。

手裏剣の達人だった宮本武蔵

いくつかの文献に手裏剣の名手としての足跡を遺す宮本武蔵。養子伊織によって建立されたという碑文では「その勢、あたかも強弩を発するが如し、百発百中」とあり、膂力に長けた武蔵の豪快な手裏剣打ち（小刀投げ）がイメージできる。

昔から武道の達人というのは、手裏剣がうまかったという話がある。例えば、大東流合気柔術の武田惣角は手裏剣が極めてうまかったという言い伝えがある。芦原ならどういう答えが出るのかと疑問に思った私は、ある日、芦原に「昔の武人で手裏剣がうまかった人は誰ですか？」と尋ねたことがある。

すると芦原からは、「芦原は、宮本武蔵じゃないかと思うけん」という返事が返ってきた。

「宮本武蔵いう侍が存在したかどうかは、芦原にはわからんけん。じゃけん、もしそがいな（そんな）人物がおったとしたら、武蔵は間違いな

在りし日、たくさんの生徒達の前で手裏剣打ちを披露する芦原師範。そのフォームは独特でありながら、形のよい丁字立ちに安定したバランスの良さなど、その非凡さが際立つものと言えるだろう。

く手裏剣打ちはうまかったはずなんよ」

芦原によれば、宮本武蔵が『兵道鏡』という書物に手裏剣打ちの技法を書き残しており、その技術がきわめて実戦的だからという意見であった。当時私は、その『兵道鏡』なる書物の存在を知らなかったので、さっそく調べてみた。

『兵道鏡』と題する、俗に二十八ヶ条と呼ばれる伝書は、宮本武蔵が京都で吉岡一門と戦い勝利した後くらいに書かれたものであると言われている。実際にその内容は、極めて実戦的な内容が書かれている。『兵道鏡』は、大きく分けると四つの章で構成されており、これは後に武蔵の書いたとされる『五輪書』に通じる部分も多いため、『五輪書』のモデルになったのではないかと言われる所以でもある。

その内容は、一つ目は、太刀を持つ者の基本的な心得を説いている。次では武蔵の創始したとされる「円明流」の形を説明し、三つ目では太刀遣いの心得について、最後の部分では実戦における心得を説いている。驚くべきは、武蔵がこの『兵道鏡』のなかで具体的な手裏剣の投げ方についても触れていることである。

例えば武蔵は、敵との間合いを一間、一間半、二間という三段階の距離に分けて解説しているのである。こうした発想は、芦原が相手との闘いの間合いをショート、ミドル、ロングと分けた考え方に近いものがある。こういう発想は、机上での発想からは、決して生まれてこないものである。そういう意味でも武蔵は、極めて実戦的な闘い方をした武人であったという推測はおそらく間違いないものだろうと私は考えている。

手裏剣打ちの最適な技術書は？

よく私自身も人から聞かれるのは、「手裏剣打ちについて書かれた良い本はないのか？」という質問である。

実は、昔の人が書いたそういった伝書の類はいろいろあるが、技術そのものをわかりやすく解説できたものはない。というのも、もともと手裏剣術というのは、個人個人が自分の投げ方を工夫して行っていたもので、元は流派というのも存在していない。個人の立ち上げた流派もいくつかあるものの、技術的に詳しく解説されたものはない。

私が、現在入手可能な本でその内容がわかりやすいと思うのは、大塚保之著『明府真影流手裏剣術のススメ』(ＢＡＢジャパン刊)である。他にもいろいろな出版社やビデオ会社から手裏剣に関するものが出ており、私はそのすべてに目を通しているがこの書籍が一番優れている。ちなみにこの大塚保之は、染谷親俊(明府真影流開祖)の直弟子である。この書籍の関連ＤＶＤも作られている。

第2章

芦原英幸の手裏剣打ち（2）

芦原英幸師範と梶原一騎氏（中央）、真樹日佐夫師範の兄弟。

海外のナイフスローイングと日本の手裏剣打ち

本章では、多くのファンが知りたがった芦原英幸の手裏剣術について具体的にお話しをしたいと思う。さらに芦原の「鎌投げの技術」についても述べておきたい。

芦原英幸の手裏剣術は、芦原流とでもいうべき独自の技術があり、他の何かを参考にしたものではない。大山倍達から学んだという説が一部で流布されているが、それは劇画原作者・梶原一騎の創作であり真実ではないというのは、前章で述べたとおりである。

芦原が海外支部視察でアメリカに出かけた時、何冊かのナイフスローイングに関する書籍（英語）を購入している。その書籍は、Gil Hibben の『THE COMPLETE KNIFE THROWING GUIDE』と Ralph Thorn の『CONBAT KNIFE THROWING』という書籍で、どちらも図解などが入ったナイフ投げの書籍としては有名なものである。特に Gil Hibben の本には、「斧の投げ方」なども写真と図解で解説がされており、極めて興味深い本である。

海外ではナイフスローイングの本やＤＶＤはかなり多く出版されている。また元特殊部隊などにいた人間が書いた本などもあり、研究するには事欠かない。これらの本は、芦原の「手裏剣打ち」が完成された後で、購入されたものであった。しかし、このことは芦原の研究熱心さを知る一つの事例といえるだろう。

そうした海外事情に反して日本では、「手裏剣打ち」に関する書籍の数は少なく、出版されてもすぐに絶版となるケースがほとんどである。また内容的に優れた本も数えるほどしかないのが実情である。

現在までに多くの武術家が、手裏剣術を学ぶ時に参考としてきた有名な書籍としては、藤田西湖《ふじたせいこ》の書いた『図解手裏剣術』がある。藤田は、最後の忍者と言われた甲賀流忍術第14世で南蛮殺到流《なんばんさっとうりゅう》という拳法も指導していた武道家、忍者として知られた人物である。この『図解手裏剣術』には、手裏剣が飛んでいく軌跡なども図解で描かれており当時としては画期的な書籍であった。ただ、今読み直してみると時代的な古さは否めない。

この藤田の後から書かれた書籍で有名なものが、１９７６年に出版された白上一空軒の『手裏剣の世界』である。その後１９８６年に染谷親俊の『手裏剣術』が刊行されている。そしてその染谷の流れを汲むのが前章で紹介した大塚保之の『手裏剣術のススメ』なのである。今後、手裏剣術を学ぼうとする者への参考書となりえる書籍と言えば『手裏剣の世界』『手裏剣術のススメ』の二冊であろう。芦原の「手裏剣打ち」を研究する者であれば、ぜひ目を通していただきたい文献である。

「芦原流手裏剣術」の軌跡

芦原の「手裏剣術の凄さ」は前章ですでに話したように、幼少期からそうした技術に優れていたからというのが一つの大きな理由であることは間違いない。誰かの影響を受けたり、誰かの本を読んでということがないのである。私は、芦原の書斎にも何度か出入りしているので芦原が所有していた武道書については概ね把握している。そのなかに手裏剣に関するものは皆無であり、強いて挙げれば、先に示した英文の二冊くらいであった。この二冊も実際に現物を入手して読んでみると、芦原の「手裏剣術」とは大きく違うので、それらの本を参考にして「芦原流手裏剣術」が作り上げられたというのも考えにくいのである。

これからお話しするのは、私が芦原の元で学び知り得た「芦原流手裏剣術」のすべてである。

芦原が、小学生時代に「ねんがり」という遊びに熱中したのは、先に述べた通りである。友人の空本秀行は、芦原の勝率が100％に近かったと語っている。これは、遊びであったとしても驚異的なことである。距離的には、小学生の投げる距離であるからそれほど遠くまで投げられたとは考えにくい。驚くべきはその標的に当てるコントロールの良さである。とにかく石でも棒でも、投げて目標物に命中させることが得意であったことは間違いなく、それは後の手裏剣打ちにも影響を与えていると思う。

このコントロールの良さというのは、野球選手の場合でも〝生まれついて〟という者が比較的多いことから、遺伝的な要素が関係しているという説もある。もちろん小学生や中学生になり誰か技術上級者の指導を受けて上達するケースもなくはない。芦原の場合は、前者であった。

芦原が、最初に手裏剣打ちの練習らしきものを自分で始めるのは、東京に就職で出てきて、ストリートファイトを行っていた時期と重なる。芦原は、当時、肩で風を切って歩いているチンピラや暴力団員の、腕に自信のありそうな連中に片っ端からケンカを売っていた。相手が一人の場合は問題はなかったが、相手が多人数になった場合は囲まれたら逃げ場を失ってしまう。そうした場合のリスクを回避するための、手段の一つとしての手裏剣術であった。

実は、私の著書『ケンカ十段と呼ばれた男 芦原英幸』（日貿出版社刊）では、ページ数の関係などからカットされた部分がある。しかし、芦原の手裏剣打ちにまつわる大切なエピソードでもあるので、ぜ

芦原師範が上京当初、空本氏と共に就職した幸伸興業時代、社員旅行先でのスナップ。

ひ、ここで紹介させていただきたい。

芦原が東京で就職した時代は、大卒の初任給が1万5千円くらいで、ラーメンが1杯25円の時代だった。当時大山道場の月謝が３００円。芦原ら中卒者の月給は7千円だった。今の金額になおすと約10万円足らずになる。寮費や保険、税金などを引かれ、さらに食費などを引くと手元にはほとんど残らないことになる。

当時の中卒で東京にでてきた若者は、３年働き、スーツに身を包んで、故郷にみやげの一つも買って帰るのが、一つのステイタスのようなところがあった。しかし、そうするためには、日々の食事代を削ってもまだ足りないくらいの貧しさである。芦原は、金田の姉さん（親戚の姉）の力添えがなければ、大山道場への入門すら叶わなかったのである。

空本は芦原と共に就職した幸伸興業時代の懐かしい思い出をいくつか覚えている。芦原が、時間がある時に手裏剣や日本刀を自作していたのは有名であるが、空本はそんな芦原を側で見てきた生き証人である。空本は、当時のことを懐かしげに語ってくれた。

「芦原も板金をしよったけん。スプリングを使って手裏剣や日本刀をつくりよった。当時会社の寮から２００メートルあるなしのすぐ隣に高校があったんよ。夜学のもんなんかも夕方には来て、そこのプールで学生が泳ぐんじゃ。芦原はねぇ、さぁーと行ってね。『わしゃ、ここの先輩じゃ』いうようなことを言うてから、それで学生は、そうかなぁ思うての。先輩、先輩いうてね、プール行って泳ぎよったんじゃ。『とっぽい』ところがあるじゃろ。わしらは、ようできんが。こんな（芦原）は、ようやりよったんよ。

またある時なんかは、空気銃なんかを買ってきてね。日曜日なんかの学生がおらん時に撃ちよったんよ。高校には、犬が一匹飼われよって、ちょろちょろしよったら。芦原が、空気銃で当てちゃるいうてから、ちょっと遠いけぇ上目に撃ってみちゃろうかいうてね。そういう勘が鋭いんよ。撃ったらね、それが当たったんじゃ。キャンキャンいうてね、逃げたけんね。（その時は）わしも一緒におったけんね。こういう話は、誰にも話したことはないけん。手裏剣じゃ、拳銃じゃいうて芦原は、的に当てるんは得意じゃったんよ」

ここで注目したいのは、空気銃などでも〝標的に当てるということが得意であった〟ということ。ここでいう空気銃とは、競技で使用する精巧なものではなく、おもちゃに毛が生えた程度の空気銃であり、近くなら正確に当てることができても、離れた距離では目標物に当てることが難しいものである。つまり芦原は、そういった空間の軌跡を頭に描くことができたということを意味している。弾道を自分の頭で計算して着弾地点を正確に把握できていたということに他ならない。

芦原は、手裏剣打ちでも「手裏剣がどれくらいの回転で的に刺さるのかというのが、感覚的にもわかっていなければ、的にうまく当てるのは難しい」と発言していた。つまり手裏剣がどういう風に空中で動いているかという状況を頭で描けるかどうかの大切さを、指導の中でも語っていたのである。

当時芦原は、就職した「幸伸興業」という会社の板橋にあった寮に住んでいた。その寮の部屋では、手裏剣のかわりに食事に使う「箸」で手裏剣打ちの稽古をしていた。的は、近くのスーパーからもらってきた段ボールで作った。「箸」以外には、「ペーパーナイフ」や「キッチンナイフ」さらには、バーベキューなどで使用する「焼き串」などを投げていた。これらの品物は、すべて全長が20センチ前後で、長さはみな同じくらいであったが、重量はそれぞれ違っていた。重さによっても投げ方は、微妙に違ってくる。

この時に芦原が、行っていた打ち方は、「直打法」という打ち方である。その場合の手裏剣の持ち方は、手裏剣を手の中に保持することが大切なポイントである。

アーチェリーを試みる芦原師範。生前の様々な逸話からも、こうした飛び道具的なものへの関心は非常に高かったことが伺える。

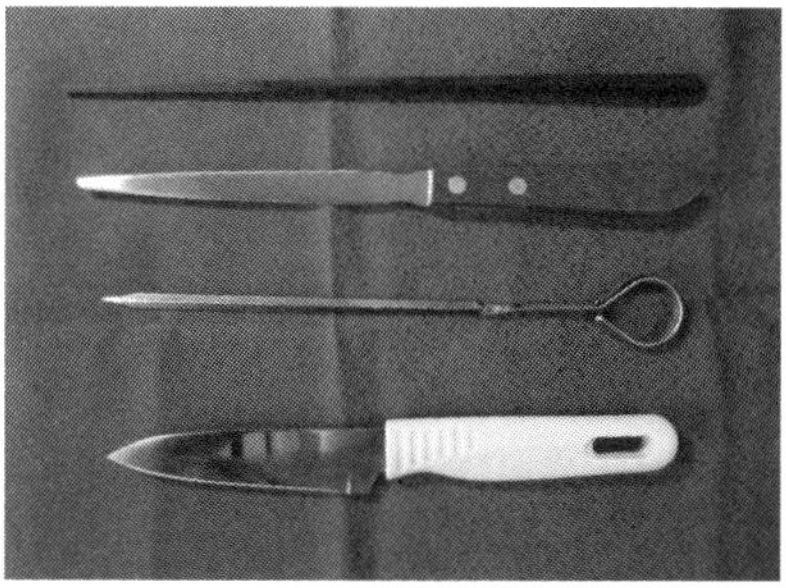

上から箸、ペーパーナイフ、金串、キッチンナイフ。ほぼ同寸ながら様々な重量のもので手裏剣打ちは修練された。

直打法から反転打法へ

次に芦原が、手作りで作った手裏剣というのはスプリングから加工して作った手裏剣であった。つまり棒手裏剣から平手裏剣に移行している。この時期に制作されたものは、長さも短く小ぶりな手裏剣で、刃渡りが7・5センチ（全長16センチ）に満たない短い手裏剣であった。こうした小ぶりな手裏剣の場合、1間《けん》（1・8メートル）くらいの距離であればある程度訓練すれば的に刺さるようになる。これはその後に作られる大振りな手裏剣にくらべると、投げ方の習得が比較的容易ではある。

芦原によればこの小型の手裏剣を、最初は「直打法《じきだほう》」で投げていたという。しかし部屋の中で投げる稽古では、命中率は上がったものの不満を感じた。そこで次に芦原は、寮の屋上で手裏剣を稽古することにした。当時、屋上には手作りのバーベルなども置かれ、芦原のトレーニング場所となっていた。芦原は、その手裏剣を寮の屋上で畳を的として「反転打法《はんてんだほう》」を稽古するようになる。芦原が、第8回の全日本大会で使用した手裏剣を使うようになるのは、四国の八幡浜《やわたはま》に渡って以降の話になる。

「直打法」での稽古で有効距離は2メートル、「反転打法」の半回転で刺さる距離がおおよそ3メートル、1回転させて刺さる距離が5メートルくらいというのが、だいたいの目安である。「反転打法」を使えば、回転数を増すことで最大10メートルくらいまでは飛距離を伸ばすことが可能である。

しかし、大抵の場合うまい人でも4メートルを超すくらいからスランプになる。これは、力の入れ方が間違っている場合が多く、再度初心にもどって短い距離から投げる感覚を確認する必要がある。距離が伸びれば伸びるほど、力は瞬間的に入《い》れるのではなく、全動作に万遍なく入《はい》らなければならないのである。

芦原は、この時期に手裏剣を投げる距離や手裏剣が手から離れるタイミングの研究をかなり行った。芦原の話では、手裏剣の持ち方、手から放すタイミングで半回転するか1回転するかになるため、その感覚を身につけるまで数を投げる必要があるという。距離が約1間で「直打法」で稽古を行った場合、正確に打てた場合は刃先が標的に必ず刺さるが、1回転する場合は刃の部分が当たるか柄の部分が当たる。そのため標的に刺さる確率は、ほぼ2分の1の確率になる。

トレーニングを続けることで、どういう軌跡を描けば的確に刺さるか、あるいは刺さらないかを、自分のイメージにしっかりと刻み込む必要がある。それができれば、標的に当たる確率は格段に上がる。

こうしたことからもわかるように、芦原が最初にトレーニングしていた棒手裏剣に近い形状をした手裏剣では「直打法」より始められ、次に小ぶりな平手裏剣となって反転打法も行うようになったのである。初心者は1・5～2メートルの距離から稽古すれば的に当てることが比較的容易である。いきなり10メートルからやってもまず標的にはうまく当たらない。ただし、「直打法」は近い的には良いが、離れた距離にある的には適さない。

芦原が得意とする投げ方は、投げた手裏剣が空中で半回転、あるいは1回転する「反転打法」という投げ方である。この「直打法」「反転打法」というのは、手裏剣術を学んでいる方々には、馴染みのある言葉であるが一般にはわかりにくい言葉である。実は芦原自身も呼び方で「直打法」あるいは「反転打法」などの呼び方は使用していなかった。ただ芦原が、まったくその技術について説明したことがなかったわけではない。合宿の時に、説明を行ったことが何度かある。その時のメモをここで公開しよう

（32頁下段参照）。

これは、芦原が夏期合宿で道場生に対して語った手裏剣打ちを行うための説明である。これだけでもわかる人にはわかるのだろうが、実際に芦原の手裏剣打ちを学びたいという人々のためには、この説明だけでは不十分であろう。

そこで、私が撮影した写真等を使いさらなる解析をすすめていきたい。手裏剣打ちは、芦原自身が出演した「地上最強のカラテ」の動画を見ることをおすすめする。ＤＶＤを購入してスロー再生してみると投げ方のコツがよくわかるはずである。注意すべきは、芦原の軸の移動と手裏剣が手を離れるタイミング、さらにその後のフォロースルーである。

芦原英幸の手裏剣打ちを解析する

ここでは、まず第8回全日本空手道選手権大会ではじめて手裏剣打ちを披露した時の写真から、その動きを解析していくことにする。この演武で芦原が使用した手裏剣は、前章で掲載した3本写った写真の左端の手裏剣である。このデザインは、芦原が図面を引いて作った手裏剣で、尖端から柄の端に至るまできれいな対象線となっている。柄に余計な装飾もなくテープなども巻かれていない。この手裏剣こそが、芦原が「手裏剣打ち」でいろいろ試行錯誤して作り上げた手裏剣の最終形モデルであった。

この手裏剣の材質は、良質の鋼を使用。全長は約24センチ、刃渡り約15センチ、柄の部分約９センチで、重量は１３０～１５０グラムであった。なお柄の部分には、端から１・５センチの部分に穴が空けられていた。この穴は、重量の微妙な調整および穴に布を通して投げた時の目印にすることもあった。

この芦原が作った手裏剣は、その長さ、重量、バランスを1本1本投げながら微調整を加えて作り上げた手裏剣であり、芦原にとって最適の手裏剣であった。私も何度か芦原の手裏剣を投げさせてもらったが、いくつかある形状の手裏剣のなかで最終形と言われている左右対称の手裏剣が抜群に投げた時のバランスの良さを感じることができた。

芦原流「鎌投げ」の技術

「鎌投げ」は、基本1回転で標的に当たるように稽古する。標的に当たる距離は、自分で前後に移動してみて最適な自分の距離を掴むことが大切である。芦原は「投げ方は『手裏剣打ち』と変わらない」と教えていた。身体をあまり力みすぎないように気をつけることが大切である。その投げるスピードも手裏剣の時ほど力を入れなくても標的には、刺さりやすい。その過程は連続写真（35頁参照）を見ていただくとわかりやすいだろう。

ただ鎌には時々、手で持つ一番根本の部分に、刃と同じ側に少し盛り上がった部分がせり出しているものが存在する。この出っ張りは、そこに穴を空けてヒモを通すなど、持ち運びやすいようにするためのものである。しかし、この出っ張り部分は「鎌投げ」には向いていないため、芦原は必ずナイフでその部分を削り取ってから使用していた（最近ではこうした出っ張りがない鎌も売られている）。

手裏剣や鎌を投げた後は、そのメンテナンスも大切である。投げて折れ曲がった刃先などは、叩いて

芦原英幸の手裏剣打ちを解析する

①一枚目の写真は、すでに手裏剣を打つ体勢に入った瞬間の写真である。この前の段階で芦原は、自然体で立ち、重心は頭のてっぺんから身体の中心軸を通り、両足のちょうど中心に落ちている。

通常は、そのまま手裏剣を振り上げて投げる体勢にまで移行するのだが、芦原の場合はその前に少し背後に身体をそらすクセがある。これは投げた手裏剣に、より勢いをつけるための芦原のクセである。相当気をつけて見ていないと見逃す点であるが、その小さな動きがあるかどうかだけで、的に刺さる深さが異なってくる。

その後、標的を見据えた芦原の左足が少し浮いているのがわかる。この地点では体軸は後足部分にある。

②二枚目の写真。ここでは、左手が標的を指し示すような働きをしているのが見て取れる。つまり左手が照準器の役割を果たしていると考えてよい。

このあと手裏剣を握った右手は、肩のラインよりも高い位置に上がらなければならない。その右手が肩より少し上がった瞬間の写真が、有名な第８回大会で手裏剣を投げる写真である（11頁参照）。この時点では、体軸が前に移動していくその瞬間を捉えた写真となっている。左足はかすかに浮いており、地面には完全に着いていない。

③この三枚目の写真は、芦原の動きがあまりにも速いため、普通のカメラでは動きを追いきれていない。体軸は前足の付け根（股関節部分）に軸が移動しており、その移動と共に振り上げられた右手が勢いをつけながら前に飛びだそうとしているのがわかる。

④最後の写真は、右手から手裏剣が飛び出し、そのあとのフォロースルーの振り切った写真である。

体重は、完全に前足に移動しており、上半身は理想的なしなりをみせている。体軸のブレがまったくないことが見て取れる。これは手裏剣打ちのみならず、「鎌投げ」でも同じことである。

●芦原式手裏剣打ちの技術メモ●

①まず近い距離で練習してみる。この時注意すべき点は、身体の軸が１本の線のように上から下まで突き抜けていること。手先で投げるのではなく、全身で投げるということが大切である。また、手首のスナップを利かせ、全身の力は抜けていることが重要である。

この場合の距離は、２〜３メートルの距離が妥当である。最初のうちは、周囲に跳ねて飛ぶ可能性があるので、人のいない安全な場所でやること。

②そうして近距離である程度目標に正確に打つことができるようになったら、次に手裏剣以外のものを標的に向けて投げてみる。ものが変わっても同じように刺さらなければならない。芦原は、釘、包丁、バーベキュー用の長い金串、箸などを使っては標的に命中させていた。ただし、そういったものは、投げ方もそれに適した投げ方を考えること。

③このように①②を完全にクリアしてから、距離を徐々に延ばしていくと良い（芦原は、最大10メートルの距離から人型の標的に手裏剣を命中さすことができる）。

「地上最強のカラテ」ⓒクエスト

直してからしまっていた。こうした刃物は折れたまま保存しておくと、その部分が錆びて使い物にならなくなる。特に芦原の手裏剣類はそれ専用の桐の箱に厳重に保管されていた。

手裏剣の投げ方がわかり、ある程度の距離（5メートルくらい）で正確に標的に打ち込めるようになったら、いろんな体勢から標的に打ち込めるか稽古してみるとよい。実際の場では、手裏剣を止まったまま打つ時ばかりではなく、動きながら（歩きながら）打つことも多いと想定されるからである。

あくまでも手裏剣術は武道の修練の一つであり、それが実戦の場でどう使えるのかを考えておく必要がある。事実、芦原は海外からの特殊部隊にナイフを使ってサバキを指導する場合、本物のナイフを使った訓練の方法を指導していた（決して模擬刀などは使用させなかった）。彼らは多くの実戦を経てきたプロだったこともあり、芦原は刃のついた本物のナイフを使ったナイフファイティングからのサバキを指導していた。

芦原流「鎌投げ」の試技

「鎌投げ」の要領は「手裏剣打ち」と同じである。回転する軌跡をイメージして、ちょうど刃先が的へ当たる加減を調節しながら思い切り振り切るように放つ。

鎌の刃部の手入れについて、生徒たちへ指導する芦原師範。

第3章

芦原英幸のケンカ・テクニック

様々な技術の中で、最もシンプルでいて、芦原師範が独特の威力を誇った右正拳突き。

芦原英幸とストリートファイト

本章は、芦原英幸のケンカテクニックについてである。東京に出てきた当初、大山道場（後の極真会館）に入門する以前に芦原は、街に出てケンカをやっていた時期があった。東京では、故郷広島で見たこともない大きな外人なども普通に目にした。芦原は、誰とケンカしても勝つためには何か自分自身の肉体を改造する必要を感じていたし、その鍛えた肉体をより効率的に使う技術を身につけるべきだと考えた。そんな時期に出会ったのが、大山道場の道場生募集の貼り紙であった。

ここでは、サバキという技術を生み出す前の芦原が何をしていたか。その部分に焦点を当てて見ていくことにする。

某日早朝、芦原から突然電話がかかってきた。芦原はいつもの早口で言った。

「今度の英文の技術書のタイトルだけど、芦原はストリートファイトカラテにしようと思うんだけど、お前どう思う？」

芦原が、そんな風に電話をかけてくる時は、たいてい芦原の意志は固まっている場合が多い。つまり芦原自身は、そのタイトルにするということを１００％決めている。芦原は、ただ同意してもらいたいだけなのである。弟子は、そういう場合「押忍」しか言えない。私が「押忍、いいタイトルだと思います」と言うと、芦原は「そうか、お前もそう思うか。芦原もピッタリだと思うけんな」そう満足げに言うと、「じゃあ、そういうことでよろしく！」電話は、いつものように一方的に切れた。

「ケンカ十段」が芦原のニックネームであるから、「街中でのルールなしのケンカ」を英語で言えば「ストリートファイト」になる。そういう意味では、芦原が自分の空手を「ストリートファイトカラテ」と命名したかったのも納得のいく話ではあった。

ところがこの話には、後日談がある。実は、芦原が喜んで付けたがっていた「ストリートファイトカラテ」というタイトルは、最終的には採用されなかったのである。これは、英語のニュアンスの問題なのであるが、英語で「ストリートファイトカラテ（Street Fight Karate）」というタイトルは、路上で誰かれかまわず相手に殴りかかる空手というイメージを受けるという指摘があった。

そこで、英語版の技術書では、「ファイティングカラテ（Fightng Karate）」というタイトルに落ちついた。芦原は最初、このタイトルに不服であったが、説明を聞いて納得せざるを得なかった。もっとも日本語の技術書では、英語の文字も入っており、そこには「Street Fight Karate Ashihara」となっている。そのあたりは、芦原のこだわりが出ていると言えるだろう。

「ストリートファイト」つまり日本語で言うところの「ケンカ」であるが、芦原のサバキの原点はケンカ、それも〝路上でのケンカ〟が原点にある。

〝ケンカに強くなるために〟

芦原が、広島を出て東京に向かったのは、1960年4月のことだった。当初芦原の目的は、日本一の板金工になり故郷に錦を飾ることだった。事実、芦原の板金工としての腕前はなかなかのものであったと、当時を知る友人らが証言している。なぜ芦原が、空手に目覚めることになったかについては『ケンカ十段と呼ばれた男芦原英幸』（日貿出版社）に詳しく書かれているので、ここでは割愛させていただく。

とにかく縁があり、大山道場（後の国際空手道連盟極真会館）に入門することになる。「ケンカ十段」の渾名がつく芦原であるが、東京に出てきた時はほとんどケンカはしていない。芦原が、ゲーム感覚でストリートファイトをやり出すのは、大山道場に入門する前後からである。そして、大山道場に入門したただ一つの理由、それが誰よりもケンカに強くなることだった。それ以外にはなかった。

自分には誇れるものがなにもないと感じていた芦原が、目指したのは「強さ」だった。当時の大山道場は、大山倍達館長を頂点に黒崎健時（新格闘術）、大山茂（US大山空手）、中村忠（誠道塾）、大沢昇（バンタム級初代王者）らが在籍した時代であった。その何れもが、後の日本の武道・格闘技界を牽引していく猛者たちである。そんな連中が多数跋扈《ばっこ》する道場で、たかだかケンカに多少自身がある程度の芦原が敵うはずもなかった。芦原は、ただケンカにより強くなるためだけに、大山道場に通いつめた。

給料のほとんどが食費に化け、会社の寮に戻れば屋上に作った私設トレーニング場でウェイトトレーニングを行った。ウェイトトレーニングは、芦原会館を設立して以後はあまり道場生に奨励することはなかった。ただし芦原自身は、この時期にかなりウェイトのやり方についても研究しており、その時参考にした書籍が『怪力法並に肉体改造体力増進法』（若木竹丸著）であった。芦原は、コンクリートで作った手作りのバーベルを何種類も作り肉体改造に励んでいた。

大山道場に通うようになってからは、その数日後に街のストリートファイトでその実戦性を確かめた。芦原によれば、その頃ストリートファイトでは、一度の負けもなかったという。さらにそれは一対一の場合もあれば、多人数のこともあった。そんな芦原には、芦原自身が考え出した芦原流のケンカテクニックがあった。

芦原流ケンカ術の秘密

ケンカには絶対の自信を持っていた芦原であるが、芦原のケンカはまず下手《したて》に出る戦法である。例えば街でワザと肩がぶつかるようにする。それで相手が、なんらかの因縁をつけてくれば芦原の思うツボである。この時、芦原はワザと気弱そうな青年のふりをするのである。相手が、胸ぐらを掴んでこようものなら、それだけで相手はもう死に体といっていい。

相手が胸を掴んできたということは、芦原にとっては「頭突き」も「金的蹴り」も一瞬で決めることができるからである。芦原が、気弱な青年を演じ「暴力はやめてください！」などと言うと、相手は調子にのってさらに脅し文句を並べ立てる。相手が調子にのってきたところで、強烈な一発をくらわして、相手を叩きのめす。これが、芦原的には、「弱い青年を演じるパターン」である。

もう一つの戦略は、「相手を怒らすパターン」である。これは、路上でのケンカのみならず、道場破りの時にも多用されたパターンである。道場破りの時には、空手道場に行き、「君たちのやってるの、それ、もしかして空手？」とバカにしてケンカを売っていた。それは、路上のケンカでも同じことで、強そうな相手をおちょくりバカにして、相手の怒りが頂点に達したところで、ガツンとやるやり方である。四国の道場破りでは、芦原のこの荒っぽいやり方でいくつかの道場が事実上、閉鎖に追い込まれた。

芦原のケンカテクニックは、大山道場入門前と後では大きく変化していくのだが、まず大山道場入門前のテクニックである。その頃、芦原が多用していたテクニックは「頭突き」と「右のストレートパンチ」であった。まだ最初の頃は、蹴りはほとんど使っていない。使ったとしても素人レベルの蹴りでしかなかった。

頭突きとストレートパンチの工夫

芦原のケンカでの一番の武器は、「頭突き」であった。私は昔、芦原から直接「頭突き」のやり方を伝授されたことがある。芦原は「芦原の頭突きで倒れない奴は、一人もおらんかったけん。ケンカの時には、一番使えるんが頭突きなんよ」と言っていた。それくらい芦原は、自分の頭突きに絶対の自信を持っていたし、強烈な武器でもあった。

私が、芦原に「頭突き」のやり方を尋ねた時、「おい、ここに芦原に頭突きの仕方を聞きよるもんがおるんよ。こんなこと教えていいのか？」そんなことを周りにいいながら、それでも教えてくれたのであった。後に芦原は、「後にも先にも、芦原に頭突きのやり方を尋ねてきたのはお前だけだよ」と笑いながら言ったのを今でもはっきり覚えている。芦原はその時、手取り足取り私に「頭突き」のやり方を教えてくれた。

芦原によれば、頭突きもサバキも同じだという。つまり多くの者がやる失敗の一つは、正面から入って相手に頭突きを行うという間違いである。正面から入ると、相手の前歯で自分の額を切ることがあるからである。これを避けるためには、相手の髪の毛を掴み横を向ける方法や、相手の両目を潰して相手がのけぞった瞬間に相手の側面から攻撃を加える方法などいろいろバリエーションがあるが、ここでは芦原から直接指導を受けた芦原英幸直伝の「頭突き」を紹介しよう（「頭突き」写真①〜③）。

芦原が、この方法で頭突きを行うようになったのは、その昔、正面から頭突きをやり、相手の前歯が折れて額に刺さったことがあったためであった。実は、あまり知られていないことだが、芦原の額にはその時にできた小さな傷が残っていた。

芦原英幸直伝の「頭突き」

演武協力／
沖縄空手道松林流喜舎場塾英心会館
（石本誠、青木優昌）

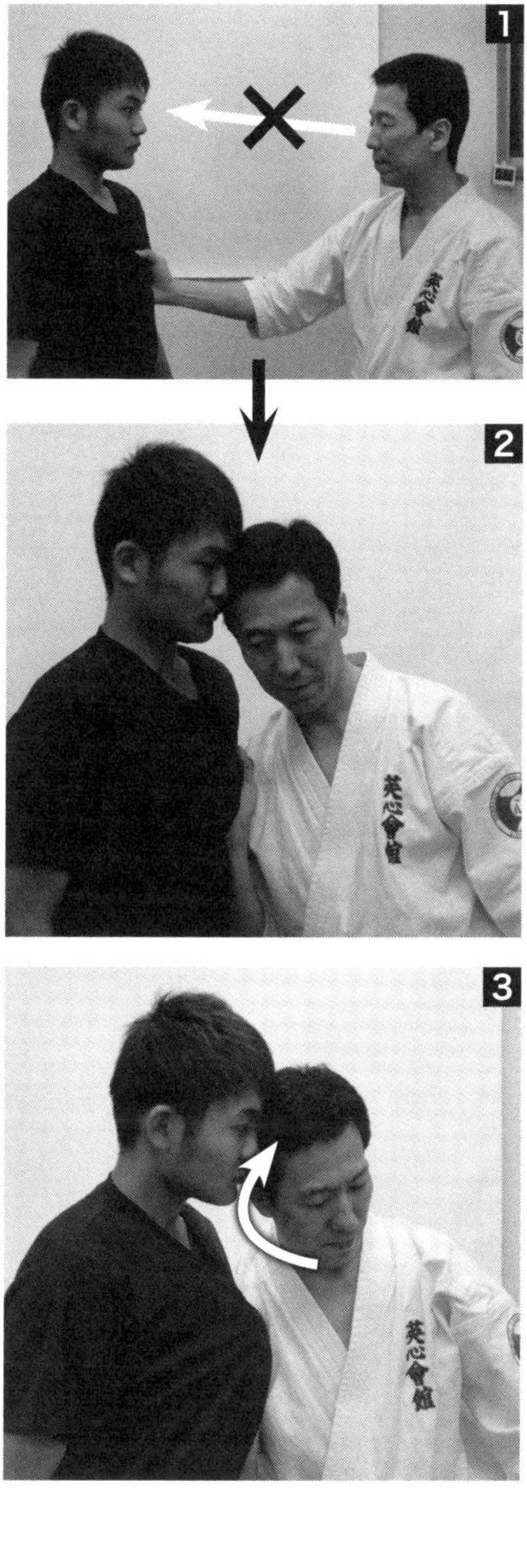

①正面から頭を持っていかないこと。②自分の頭の毛の生え際にあたる部分（前頭部）の固い部分を使用し、相手の鼻柱を狙う（ただし相手が横を向けば、眼の下部を狙う）。③相手のサイドポジションから右斜め下に頭を構え、右下から左上にしゃくり上げるようにして頭突きを行う。

さらに頭突きをうまくやるためには、首が太い方が良い。そのためには、日頃から三点倒立、頭だけで支える倒立を勧めた。首を鍛えることは、相手から顔面にパンチをもらった時、それに耐えられる強さを身につけるうえでも重要な練習である。そういうことで、当時の道場では必ず道着を敷いた上に頭を置いた、頭だけで支える倒立の訓練が毎回行われていた。

次に「ストレートパンチ」についてであるが、芦原は当時ケンカになった場合、ヨーイドンでお互いにパンチを出した時、〝よりスピードがあり、リーチが長い方が勝つ〟という考え方を持っていた。そのため打ち方をいろいろ工夫していた。芦原は一般人と比較した時、リーチが長く、さらに相手の手が届く間合いから瞬間的に飛び込んで顔面にパンチを打つことができた。さらに肩を拳一個分ほど内側に入れて打つため、その分長さが伸びるパンチを打てた。

と、まぁ、この程度のことは考える人はいるかもしれないが、芦原はさらに芦原独自の方法でリーチを長くする方法を考え、実践していたのである。その方法とは「拳の握り方」であった。通常、極真会館の基本でも大山には、四指をしっかり握り込み、それを親指で押さえ、人差し指と中指の第3関節の部分で打つことを教えられる。その部位で巻き藁などを叩くと、その部分が拳ダコになり盛り上がる。

実は、ストリートファイトを盛んにやっていた頃の芦原は、第2関節を使って相手を殴っていた。その握り方で殴れば、1センチから1・5センチはリーチが伸びるからであった。

以上が、大山道場入門前の芦原のケンカ術の大きな特徴である。

インタビューを受ける大沢昇師。
左は芦原師範が保存していた当時の試合チケット。

先輩・大沢昇の影響

次に大山道場入門後の芦原のケンカテクニックである。大山道場入門以後は、加速的に突き、蹴りの技術が上達している。当時は、仕事の残業等で行けない時を除いて、必ず稽古に出ていた。この時期、芦原に一番大きな影響を与えたのが大沢昇（本名：藤平昭雄）である。

かつて大山倍達が、「極真空手の歴史においてミスター極真の名に値する男がいるとするならば、それは大沢昇だけだ」と言ったことがある。その稽古量の多さ、決して諦めることのない闘争心、決して他人を批判することのない人間性、どれをとっても大沢を上回るほどの人物はいない。大沢は、今年77歳になる（２０１９年現在）。それでも毎日の鍛錬を欠かすことはない。

つい最近も某キックボクシングのジムに一練習生として入門していた大沢は、毎日練習ができると喜び、朝から晩まで稽古を続けた。その練習量が、そのジムにくるどの若い練習生よりも多かった。そしてついに、あまりに練習量が凄すぎるため、「稽古をこれ以上しないでくれ、もうお帰りください」とジムから言われてしまう。「練習する場所がまたなくなっちゃったんだよ」と大沢は悲しげに話した。

大沢は、今でも「どうしたらもっと強くなれるのだろう」と真顔で話す。そんな大沢のことを、芦原は一番尊敬していた。もちろん大沢以外にも多くの先輩がおり、それぞれに学んだことはあるだろう。しかし、極真時代に一番多くを学んだのは、大沢からであった。芦原は、大沢が極真会館を離れ、キックの世界に行ったあとも交流を続け、大沢の出場した多くの試合を観戦に行っている。

特に、大沢がタイでタイ式ボクシング（ムエタイ）と戦った時に得た様々な情報や技術は、芦原に多くの技術革新をもたらした。当時、タイには黒崎健時、中村忠、大沢昇の3名が渡り、ムエタイと戦っている。黒崎が負け、中村と大沢が勝ちを収めたのだが、それはまさに薄氷を踏むような勝利であった。それまで日本では未知の格闘技であったムエタイ。芦原は、その凄さを大沢から聞かされた。芦原は、その後すぐにムエタイの研究をしている。その一方で、大沢の出るキックの試合には時間の許す限り出向き、大沢の技術を吸収しようと努めた。特に芦原が研究したのは、ヒザ蹴り、ヒジ打ち、ストッピングの技術であった。それに加え、顔面を殴り合うボクシング技術の重要性であった。そういった技術の研究は、のちのサバキにも大きく影響している。

独自に発展させた三つの技術

ここでは芦原が、特に指導でも力を入れていたヒザ蹴り、ヒジ打ち、ストッピングについて説明していく。

まず「ヒザ蹴り」であるが、芦原はこのヒザ蹴りを様々な角度から研究し、自分の技術に取り入れていった。基本、ムエタイでは大きく分けると、2種類の蹴り方が指導されている。一つは、相手の攻撃を避けながら、相手の首を引き付けカウンターで決めるヒザ蹴り。もう一つは、相手の首を両手または前腕部で固定して腹部や顔面を狙うヒザ蹴りである。

芦原が、四国で極真会館の八幡浜道場を開いた頃には、ムエタイの首相撲を取り入れた練習は既に行われていた。ムエタイ独自の方法、つまり両手で相手の頭をロックして、右、左の蹴りをわき腹に蹴る。さらにわき腹で効き目がなくなれば太ももへの突き刺すようなヒザ蹴り、さらには相手の頭部を自分の腰の位置まで下げてのヒザ蹴りなど、様々なヒザ蹴りを研究していた。

こうした稽古は、芦原道場ではかなり初期の頃より行われていた。特に首相撲のやり方などは、ムエタイで行われる首をロックする方法を正確に行っていた。私自身、一時期ムエタイ修業のためタイに渡ったことがあり、芦原から学んだことがムエタイと同じやり方であったことから芦原の知識の豊富さに驚かされた。

首相撲のやり方を詳細に説明するにはページ数が足りない。そのかわりよい参考となるDVDがあるので紹介しておきたい。それが、古谷暢基指導・監修のDVD「知られざるムエタイ超実戦技術究極の接近戦首相撲」（BABジャパン刊）である。古谷は、タイに何度も足を運び現地の選手からムエタイの技術を学び紹介しているためたいへんわかりやすい。

芦原の技術は、こうしたムエタイのヒザ蹴り技術を研究し、そこから芦原流に変えていった部分が大きい。芦原の廻し崩しや巻き込み投げのヒントになる動きも、こうしたムエタイなどにその一端があるという考え方も、あながち無謀なものではないだろう。ここで芦原が道場で指導していたヒザ蹴りにつ

ヒザ蹴りの技術

直線的なヒザ蹴りを相手がブロックした場合、回し蹴りの要領で廻してヒザを顔面に叩き込む。

同じく相手はヒザ蹴りを左ヒジでブロックしている。すかさず相手の左ヒジ（道着でも可）を掴んで上に上げ、腕が伸び、がら空きとなったボディへ、ヒザ蹴りを入れる。

いても見ておこう。

相手を崩してからまっすぐにヒザ蹴りを入れるという方法が、オーソドックスなヒザ蹴りである。基本は、相手のボディ（腹部）へ蹴る形であるが、ケンカでは相手の髪の毛を掴んで、顔面を自分の腰の

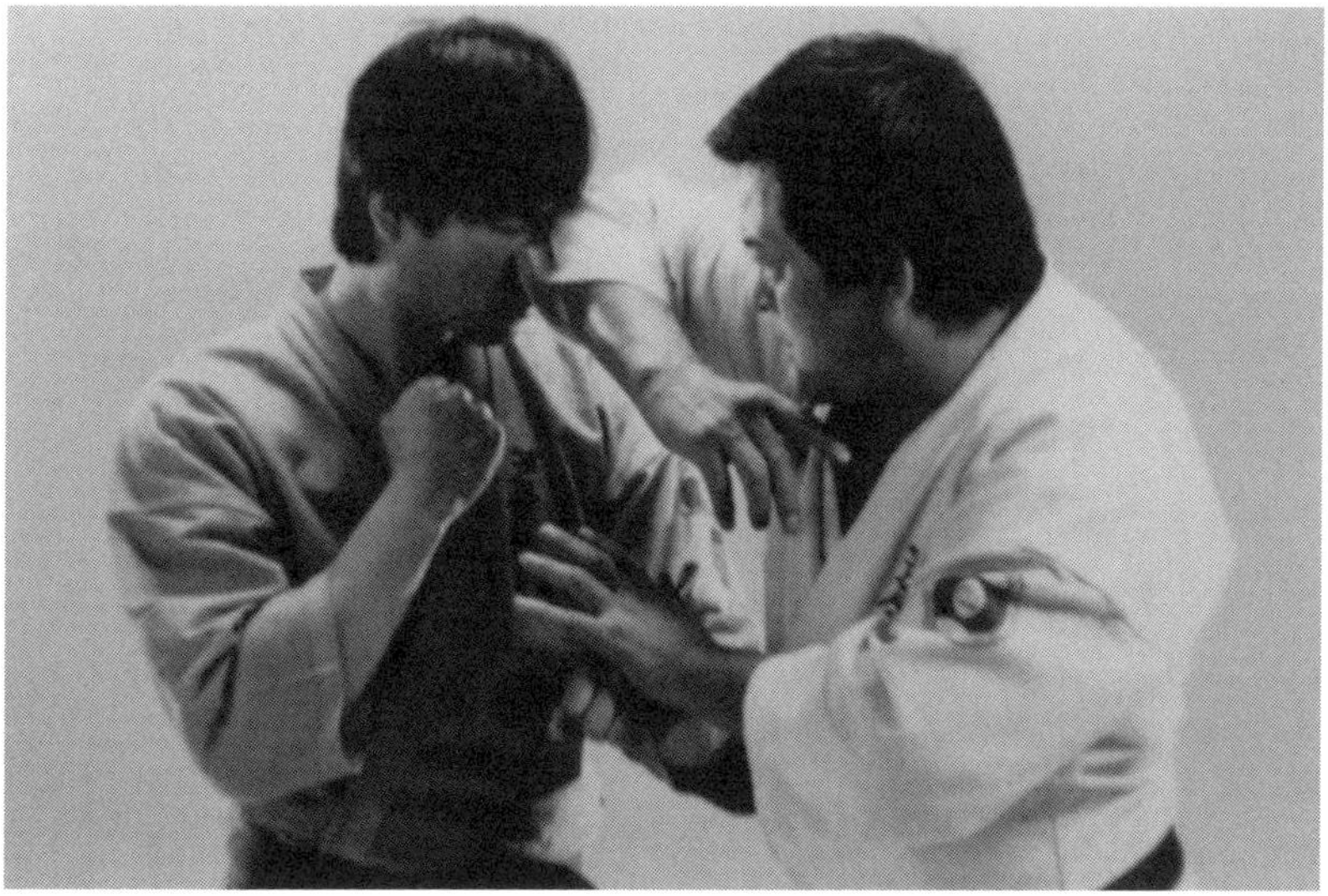

ムエタイの研究の成果が色濃く反映された、芦原師範独特の鋭い肘打ち。肘打ちを打つ時には、「かなり接近した間合で、躊躇なく相手の目の高さへ打ち込めなければいけない」と語ったという。

高さまで引き下げ、そこにカウンターでヒザ蹴りを入れるという方法を多用していた。相手が髪の毛がない場合は、頭部を腕でロックする方法や相手の耳に手をかけて誘導するという方法が取られた。

次に芦原の「ヒジ打ち」について解説する。芦原は頭突きと同じように、ヒジ打ちを得意技の一つとしていた。その証拠に芦原がはじめて書いた自伝『流浪空手』には、ヒジ打ちの写真が表紙として使用されている（9頁に同写真あり）。芦原がよく言っていたのは、ヒジ打ちを打つのは

芦原師範が最初に著した自伝書籍『流浪空手』（スポーツライフ社。絶版）。

かなり相手と接近した状態で、相手の目の高さになんの躊躇もなく打ち込めなくてはならないということだった。

芦原は、時に〝ケンカにおける非情さ〟という話をしたことがある。「ケンカにおいては瞬間的に切れることができて、尚かつ相手の目玉に平気で指を突っ込むことができなくてはならない」と言ったことがある。かつて道場生がヤクザとケンカして、相手が勘弁してほしいと土下座をして謝ってきたため、その道場生は攻撃の手を止め相手を許したという。そしてその場を去ろうとした瞬間、そのヤクザに背後から石で頭部を殴られ半身不随になった。

もちろん避けることのできるケンカは避けなければならないが、どうしても逃げることができない場合においては、〝相手がケガをしてはまずい〟とか考える必要はない。突破口を開くためには、相手に最大限のダメージを与える方法で対処せよと教えていた。

芦原のヒジの技法は数多くある。すべてここで披露することは不可能であるが、その一つには瞬間的に相手の眼前を塞ぐ「見えないヒジ打ち」等がある。

最後に解説するのが「ストッピング」である。当初、芦原はこのストッピングを「ストッパー」という名前で呼んでいた技術である。このストッピングの技術は、ムエタイの前蹴り（ティープ）を空手技術に変化させたものと考えていいだろう。空手の前蹴りは、ヒザのスナップを使い蹴り上げる感じで蹴られるが、ムエタイにおける前蹴りは一度ヒザを高く上げ、上から下に突き刺す雰囲気で体重をのせて蹴り、相手を崩すことを目的とした蹴り方である。芦原は、この技からヒントを得てストッピングの技術へと進化させていったのである。

芦原英幸の「瞬間を狙うストッピング」

芦原師範による、相手が右ローを出す瞬間を狙うストッピング。このストッピングは、相手の初動を狙う一番早いストッピングである。

①相手の初動に対して、
②軸足へストッピング。
③すかさず、左手で相手の肩口を制し、
④ジャンプして相手の顔面に蹴り。
⑤残心。

芦原のストッピングは、主に中間距離の間合いで使われることが多い。主に相手の中段回し蹴り、ローキック、後回し蹴り、軸足刈りなどに対して使われる。ストッピングだけで終わるのではなく、次のパンチ、蹴りに繋いでこそ有効な技なのである。カウンターで使うことで相手にダメージを与えることができる。通常の稽古では、足の裏（土踏まず）で受けるようにして行うが、実戦ではカカトで行うことで、相手により大きなダメージを与えることができる技である。

第4章

芦原カラテと武術的身体

不朽の名著『実戦!芦原カラテ』（講談社刊）の表紙は、芦原師範が最初に技として考えたという「ヒジ落とし」。

芦原英幸と澤井健一

前章で、芦原の極真会館時代に最も影響を受けた人物が、大沢昇であると書いた。実はまだ、芦原が極真時代に影響を受けた人物がいる。それが、太気至誠拳法（通称「太気拳」）の創始者である澤井健一である。澤井は、意拳の達人であった王薌齋《おうこうさい》に学び、日本で意拳を教えるにあたり、「太気拳」と名称を変えて広めた。澤井は大山（倍達）と古くから交流があり、極真会館の総本部道場にもたびたび姿を見せ、道場生らと武道談義に花を咲かせることもあった。そんな澤井からも、芦原はその武才を認められていた。

澤井が、総本部道場にて芦原ら道場生に軽い組手を指導していた時、多くが澤井に軽くあしらわれてしまうのだが、芦原だけがフェイントから攻撃を仕掛けるというケンカ殺法をみせ、澤井に驚きを与えた。その動きを澤井は、「すでに黒帯の実力がある」と賞賛したという。芦原はこの後、澤井の勧めもあり、一時期、澤井のもとに通い、太気拳を学ぶことになる。そのため、極真会館芦原道場では一時期、道場で太気拳の立禅《りつぜん》や這《はい》を取り入れて稽古を行っていた。

私が芦原に尋ねたところでは、澤井のもとに通ったのは1か月にも満たない期間であったという。芦原によれば、その時に澤井から学んだのは立禅と這が中心であり、「揺《ゆ》り」や「練《ね》り」といった稽古はほとんどしていないと語っていた。さらに芦原が澤井から学んだ「立禅」は、後に澤井が指導していた「立禅」とは違った形で行われたと語った。

芦原が学んだ立禅は、大きなボールを両手で抱えるような形ではなく、両手をそのまま前に上げて構えるものであった。手のひらは下を向いており、〝実戦における構えはそうなる〟と芦原は教えられたという。ただし、この構え方は澤井の技術書には掲載されていない。その構えは、そのまま組手に応用が利くような形であった。

しかし、芦原はなぜか1か月ほどして、突如、澤井から「もう明日から来なくてもよろしい」といわれて行けなくなった。さらに「君は空手が向いている」、そう言われたというのだ。芦原は、何を言われているのかさっぱりわからなかったと、後に語っている。おそらく澤井には、芦原の身体操作がすでに太気拳を理解した動きをしていることが、見てとれたからではなかったかと推測する。

「立禅」をやる一つの意味は〝腰を作る〟ということであり、それは武術的身体を作るということだと考えられる。武術的な体とは、簡単に言えば「居着きがない姿勢」である。芦原に居着きがないのは、その立ち姿を見ればわかる。地球の重力が頭部を貫き、臍下丹田に落ちている。おそらく昔の武道家には、そうした武術的な肉体ができている人間が多かったのではないだろうか。

昔、侍が帯刀していた時代、その腰に差していた刀を一瞬で抜くには、腰の動きが重要であった。芦原が澤井から「もう君は稽古に来なくてよろしい」といわれた裏には、その時、芦原の腰の動きがすでに武道家としてのそれであったからかもしれない。

澤井健一が著した唯一の技術書『実戦中国拳法 太氣拳』（日貿出版社・復刻版）。

ちなみに芦原の姿勢に居着きがないのは、小学、中学時代に学んだ剣道の影響か、あるいは生来のものであると考えられる。こうした居着きのない姿勢は、生まれついてのものと、後年になり修練を積むことで身につける方法が存在する。なかでも生まれつきそうした姿勢、および身体操作に長けている者は、めったにいるものではないが、武術的に天才といわれるような人は皆、こうした動きを身につけている。

肥田式・養神館との共通性

私は、長年の研究から、こうした居着きのない身体を後天的に身につけるためのシステムの一つが、「肥田《ひだ》式《しき》強健術《きょうけんじゅつ》」や「養神館合気道における基本動作」ではないかと考えている。肥田式強健術に関しては、芦原自身も一時期その研究をしており、その研究ノートを私は芦原からもらっている。その一部は既に書籍等でも公開済みである。

肥田式強健術は、肥田春充《はるみち》によって考えられた健康法であるが、身体の姿勢をどうすれば人間が大きな力を発揮できるか、さらには姿勢の良し悪しが頭脳に大きな影響を与えることなどを書き残している。さらに肥田は、その力を示す実験や演武などをやっている。例えば春充は強健術の試みとして、床に右足を強く踏みつけたことがあった。その瞬間、なんと、床の杉板がそっくり足の形に踏み抜けてしまった。

これは、肥田式強健術を研究している人間の間では、比較的有名な話である。肥田は、これを「中心

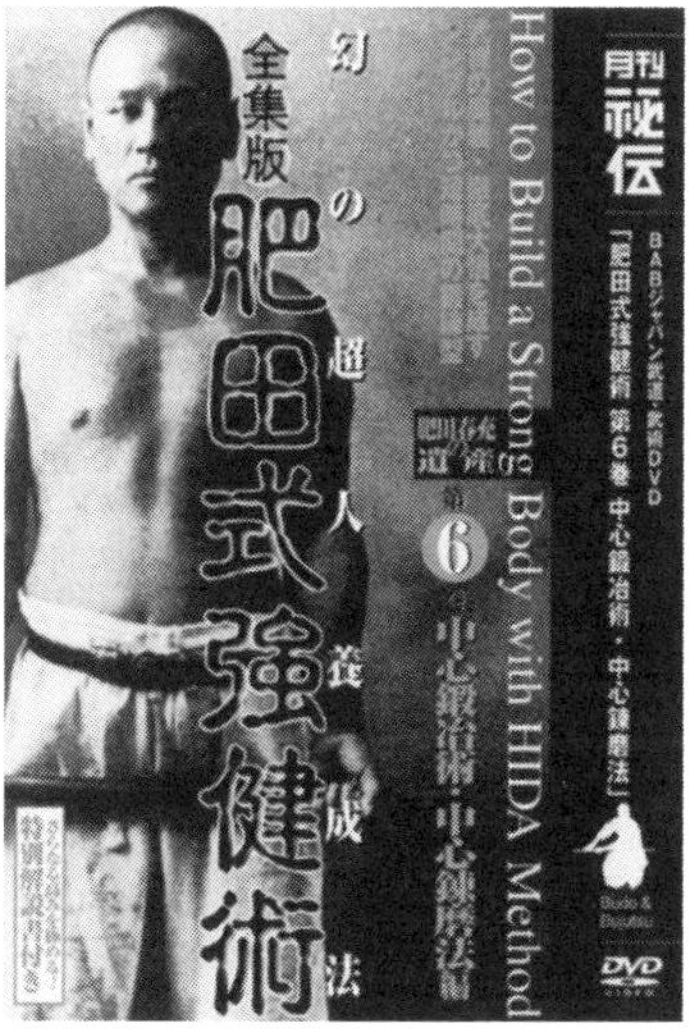

肥田式では簡易強健術が有名だが、現在はDVD「全集版 肥田式強健術」（指導・出演：佐々木了雲、BABジャパン刊）全６巻などによって、その広範な体系を知ることができる。

力」と呼んでいる。芦原は、ほぼそれと同じことをやっている。道路の路肩によく置かれている直方体のセメントの塊を、足刀一発で簡単に割ってみせている。重力の重さを瞬間、自分の足にかけて割るのである。こうしたことは、一部の人だけができると考えがちであるが、修練を積むことで誰もができるようになると、肥田式強健術では教えている。

養神館合気道では、塩田剛三が弟子の井上強一に作らせた「基本動作」と呼ばれるものがある。体の変更（一）（二）、臂力《ひりき》の養成（一）（二）、終末動作（一）（二）の六種類の動きがある。特に養神館合気道のこれらの動きは、武術的な腰を形成するうえでは極めてシステマティックに作られた鍛錬技術であるといって過言ではない。

養神館では、この六つの基本動作を「基本六方」と呼んで、合気道を学ぶうえではたいへん重要なものであると位置づけている。ただ、肥田式強健術にしろ、養神館合気道にせよ、その動きだけを真似しても、身につくことはない。なぜ、そういう動きが必要で、何のためにやるのかを理解してやるのでなければ、単に動きをマネしただけになってしまい、何の役にも立たない。これは太気拳の場合も同じで、ただ型《かた》をマネしても、何も得るものはない。〝意識のあり方〟が大いに重要なのだが、それを教えないと、いつまでもただ立つだけの授業となってしまい、苦痛以外の何ものでもない。

芦原は、よく「芦原はできるんだけど、お前ら（弟子たち）にどう教えたらいいか、まだわからんけん」と言っていた。つまり、芦原のその発言を聞くかぎりは、芦原の技の根幹とも言える身体操作は生まれつき身についていたものだろうと考えられる。もし芦原の身体操作が後天的に身につけたものであれば、当然ノウハウもはっきりわかっていなければならないが、芦原会館時代に芦原自身がまだ指導の仕方を思案していたし、指導技術は完全には確立されていなかったからである。

中心線を整える

こうした姿勢や腰の位置の話を聞いても、多くの人は何の話をされているかわからないだろう。それは、外から見た部分ではなく、内面の意識をどう操作するかという世界に入ってくるからである。たとえていうと、自分の前に手を出す場合、ただ前に手を出すのと、手を出したその手が〝何かを掴んでいる〟と意識するのとでは、身体が感じている影響はまったく違うのである。

姿勢が少し違うだけで、相手に与える力が変化する。それが初心者でも比較的わかりやすいのが、〝中心線を実感する〟という方法である。地球上では常に重力が働いているのだが、姿勢が悪いとその重力の力を最大限に活かすことができない。重力を活かした立ち方を簡単に理解できるのが、私が「ゴリラの姿勢」といっている方法である。

この方法では、二人一組となり行う。まずAが自分の右足親指で、相手（B）の足の甲を押さえる。

養神館合気道の塩田剛三館長がしばしば見せた、相手の足の甲を踏みつけて動けなくする演武。

次に、踏まれた方（B）はその足を抜いてみる。普通であればどんなに力を入れて押さえられても、Bは足を抜くことができるだろう。次に、Aは自分がゴリラになったつもりで、お尻が後ろに突き出て、上半身は起こして垂直となった姿勢を取る。ヒザは曲げるが、足のつま先よりは先に出ないように気をつける。これが「ゴリラの姿勢」である。

今度は、Aがこのゴリラの姿勢をとり、そのまま右足の親指をBの足の甲に静かに載せてみる。力をその足に集中させることなく、相手の足に自分の足をソフトに触れるような感じで行う。その状態でBが足を抜くのである。その時に、重力が身体の中心を貫いて作用していれば、Bは簡単に自分の足を抜くことはできないはずである。

実は、この〝相手の足の甲を足の親指を載せて動けなくする〟という演武は、私自身が芦原からかけられた技であった。その時は、自分が芦原に何をされたのか皆目見当がつかなかったが、後に養神館の塩田剛三が同じ演武をやっているのを知り、そういうことができるのだということを確信するに至った。こういった姿勢により相手に与える力の作用が変わる現象は、実際に自分自身が経験しないとわからない。

ここでは、読者にもわかりやすいようにゴリラの形態をマネした立ち方を紹介しているが、慣れてきて自分の身体が武道的なものになれば、普通に直立した姿勢でも同じことができるようになる。こういうことがわかってくると、構え一つとっても、いかに重要であるかがわかってくるだろう。

最近では、姿勢が良いと頭脳の働きも良くなることが医学的な研究でもわかってきた。確かに昔から武道の達人といわれた人々は、すべて立ち姿が美しい。芦原も普通に立っているだけで、その立ち姿に安定した美しさがあったというのは、多くの高弟が口をそろえて指摘する点である。

少なくとも芦原の考えだした「サバキ」の奥深さは、そういう部分まで考えないと本当の意味では理解したことにはならないだろう。かつて芦原が、「型《かた》あるいは形だけをマネしても芦原のサバキを理解したことにならない」と言ったのは、そういう意味だろう。芦原のサバキの難しさは、そこにある。

芦原が、自分自身のそうした身体操作の技術などを考え出すのは、まだまだ後の話である。芦原が最初に自分の技というものを考えたのは、自分よりもはるかに大きな人間を相手にして、それを如何に攻略するかを日々考えていた時の話である。

八幡浜道場の完成前夜

芦原が、最初のサバキ的な技を考えるのは、まだ八幡浜の自分の道場が完成する以前のことである。

当時、芦原は八幡浜のあたご山の頂上にあった、建て替えが既に決まっていた公会堂を稽古に使わせてもらっていた。この頃の芦原の指導は、極真会館本部道場での指導が基本だったため、まだまだ荒さの目立つ指導方法だった。それでも多少手加減はするようになってはいた。しかし力が有り余っていた芦原は、正面からエキサイトしてぶつかってくる道場生に対しては、容赦なく掌底で顔面を叩いていた時期だった。

そんな中、他流派の経験者で勢いのある男がいた。黒帯だったが、力量の差は明らかだったので、芦原は相手の攻撃をかわすと、その肩と襟首を掴んだ。通常であれば、そのまま引き崩してヒザ蹴りを入れるのだが、ケガをさせまいという気持ちが働いたのだろう、次の瞬間、相手を掴んだまま足を引き回していた。すると、その男は1回転して、アゴから床に着地したのだった。これが、芦原のサバキの原型となった、最初の技であったといわれている（62頁右列写真①～④）。

この動きから発展したものが、「回し崩し」という、芦原が考え出した独自の技である。後の「回し崩し」では、〝襟首を掴んで〟という形はあまり行われないが、それ以前では相手の襟首を掴んで崩すことが多かった。そのため、当時道場で学んでいた連中には、相手を崩した後に相手の頭を押さえにいかず、その襟首を捕まえてひっくり返し、留めまでもっていくというコンビネーションを得意とする者が多い。

最初は手だけの崩し方を学び、その後、それにステップを加えて動きながら行う。最後はヒザ蹴りからヒジ打ちまで行うのが、一つのコンビネーションとして指導されるようになる。芦原はこの時期に、ステップ、ポジショニング、間合いということをよく考えるようになる。もっともそういったことを技として考え出すのは、八幡浜道場が完成した以後である（63頁写真①～③は芦原が相手の襟首を掴んで崩すところ）。

例えば大東流合気柔術の中興の祖として知られている武田惣角のように、昔の武道家というのは道場

オリジナルの「回し崩し」とサバキの原型

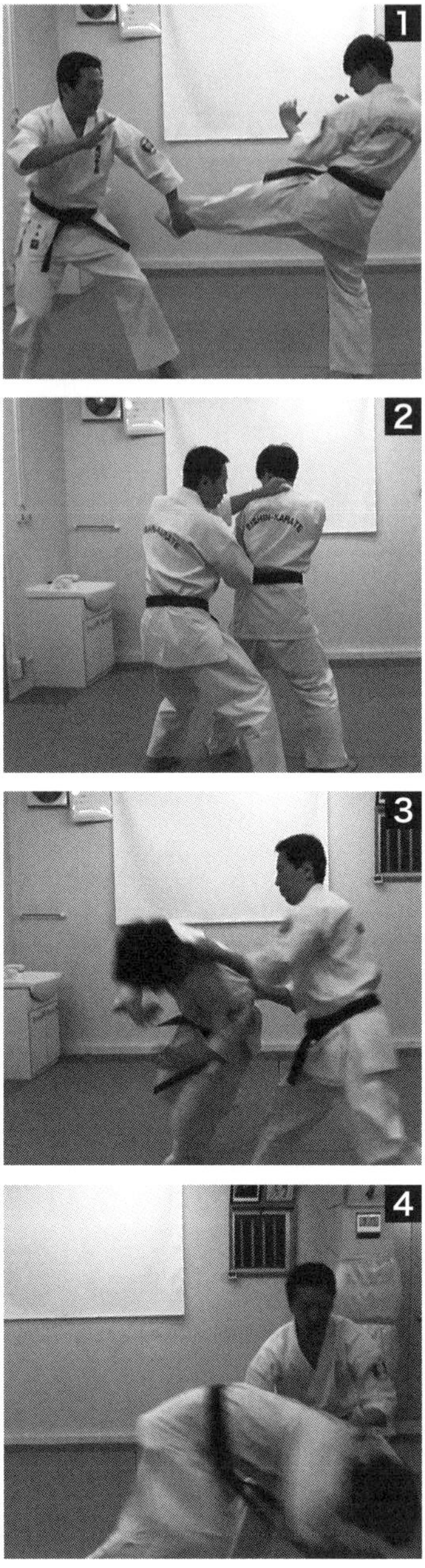

「サバキの原点」となった技の再現。通常、捕まえた次の瞬間、ヒザ蹴りにいくところだったが、そのまま引き回して投げ捨てる形となった。

「回し崩し」の一連の流れ。攻撃を防ぐと同時に相手の肩口を掴み、45度の角度に引き崩すと、さらに首へ手をかけながら、足を引いて引き回し、相手がバランスを崩しているところへヒザ蹴りを入れる。

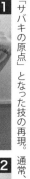

というものを持たず、日本全国を行脚してまわり指導するという者も多かった。ただ、そういう指導方法だと技が体系化されず、技術としては継承されにくい。さらに、当時は写真や動画に収めることも許可されなかったため、どういう技であったかを知る手がかりが極めて少ない。道場など場所を構えて指導されることのメリットは数多くあるが、その一つは技そのものが進化することである。一つの技でも繰り返し稽古を重ねていくことで、今までになかった技へと変化することが往々にしてある。

道場を構えずに全国を巡回しながら指導する形をとっていた昔の武道家というのは、その各々の場所で指導料をもらい、それが生活費であり交通費になった。指導する相手がその土地の名士であったり、

芦原英幸による襟首を掴んでの崩し

単に腕力で振り回すのではなく、絶妙の間合と全身協調のタイミングがピッタリ一致した瞬間的な技術。

豪商であったりした場合は、一か所に数か月留まって指導することができたため、多少なりとも自分の技術を振り返ることもできたと思われるが、不安定な生活の中では自分の技術そのものを向上させることは、極めて難しいものがあったと推察される。

私が、芦原に聞いた話でも、「芦原が、四国に渡ったころは、毎日稽古する場所が違ったけん。魚河岸や港や駐車場やそれこそ、いろんな場所でやりよったんよ。時間もバラバラ、次の稽古がどこで何時からやるかいうこともちゃんと全員に伝えられんけん。そんな状況では、なかなか自分の技も考えられんけんね。

芦原が、本当に落ちついて技を考えられるようになったんは、八幡浜の道場が完成してからのことじゃけんね」と語っていた。

サバキの原点

サバキの原点は、先述したように八幡浜のあたご山の公会堂での稽古中の出来事が発端となっている。相手の背中、襟首のあたりを掴み、引き崩すことで相手が大きく崩れる。芦原道場の初期に入門した人は、この動きを学んでいた。

実際のケンカでは、襟首を掴むよりも相手の頭髪を掴むほうが早いが、道場の稽古では頭髪を掴ませるわけにもいかないので、襟首を掴んで崩すという方法が盛んに行われていた。当時相手を叩くかわりに、捌いて転がすということで制圧する動きに繋がっていく。この技では、相手のサイドに足を送り、襟首を掴むと同時に真下に引き落とす要領で引くことがポイントである。この技の発見以降、サイド（相手の側面）やバック（相手の背中）をどうすれば取れるかということを考えるようになり、そのためのステップワークや間合いなどを深く研究するようになる。

この時期、芦原が得意とした技がもう一つある。それが、通称「首狩り」といわれた技である。相手の技を受けると同時に間合いを詰め、プロレス技のラリアットのように相手の首に自分の手を巻き付けて相手を倒し、ヒジ落としで相手を仕留める技である。

これは、極めて危険な技ということで技術書には紹介されていないが、芦原が得意とした技の一つである。稽古ではヒジ落としで極《き》めているが、実戦では相手の首に自分の手を巻き付け、空中で相手の頭部を極《き》めたまま折ることもできる危険度の高い技である。首を絞めたまま瞬間に相手を絞め落とすことができるため、警察道場の指導において実践された。

こうした相手の死角をどうしたら取れるのかという課題を一つ一つ解決していった結果、芦原が最初に技として考えたという「ヒジ落とし」という技に辿り着く。この芦原の「ヒジ落とし」の技は、芦原が出版した『実戦！芦原カラテ』（講談社刊）の表紙の写真になった技である（53頁写真参照）。芦原は、この「ヒジ落とし」という技に関して、

『私（芦原）が、最初に「技」という形で考えた最初のものである。倒れかかる相手の頭を大腿部で受け（蹴り）、頸動脈、鎖骨、顔面に手刀、ヒジを叩き込む、まさにトドメである』（同書85頁参照）

と記述している。ところが、芦原は技術書や雑誌の取材でも、この技を一切公開していない。そこで実際にどういう技であったのか、詳細な写真で公開説明してみたい（次頁写真①～⑦、⑧）。

写真①〜③の部分が、いわゆる「首狩り」への作り。素早いステップワークと両手の連動で、払った腕を相手の首へ巻くことができる。そのまま動きを止めることなく、一気に引き崩し、トドメを刺す。

相手が左の前蹴りを出す（①）。芦原は左手で下段払いをすると同時に、サイドステップから相手の背後を取る（この時の手が上がり、顔面をガードしていることが大切。手が下がっているとバックハンドが来る）。背後を取ったら、さらに左足をすばやく引くことにより相手をコントロールできる。芦原が騎馬立ちした左太ももの部分に、ちょうど相手の頭部がくる。そのまま相手の頭部を押さえて、手刀を打ち込む。さらにトドメとしてヒジ打ちを相手の鎖骨に打ち込むというのが芦原の得意技であった。

実際、鎖骨はこの体勢からであれば、簡単に折ることが可能である。鎖骨に打ち込まない場合は、相

芦原英幸の「首狩りから鎖骨へのヒジ落とし」

最後は顔面へのヒジ落としでも良い。

手の頭部を固定し、顔面にヒジを打ち下ろすのである（写真⑧）。さらにこの技の特徴は、②～③の場面において実戦では、相手の両眼を掌底で叩くことにより、相手の視力を一瞬奪ってしまうという方法が取られていたのである。下段払いした手が次の瞬間、相手の両眼を叩く、あるいは擦るため、相手は必ず目をつぶってしまう。目を開けた時にはヒジ打ちが極められているのである。

試合では、相手の目を叩くというのは、明らかに反則になってしまう行為であるが、ストリートファイトを数多くこなしてきた芦原の実戦技のなかには、こうした瞬間に相手の急所を攻撃することにより次の攻撃に繋げる技も数多く存在する。

現在の芦原会館には、そうした芦原のケンカ術を継承している者が何人かいるが、白眉は東京本部師範を務める西山亨である。西山のエピソードは、『ケンカ十段と呼ばれた男 芦原英幸』のなかにも出てくるが、昔は歌舞伎町でバトルデイズを繰り返してきた猛者である。しかし、それのみならずかつて芦原が指導した「階段ステップ」などサバキの根幹をなす術理を身につけている。

第5章

芦原カラテ“サバキ”の進化

後に芦原空手の聖地と呼ばれる八幡浜で、大鳥居横に建てられた最初の常設道場。

SABAKI

極真会館芦原道場

四国に渡った芦原は、わずか3年あまりで支部道場を八幡浜に建てている。当時極真会館の国内支部で常設の自分の道場というのは、東京の総本部しかなかった。そこには、空手だけではなく道場経営にも非凡な才能を発揮した芦原の姿がある。

後に世間から芦原がそんなに早く支部道場を持てたのは、芦原の応援をしてくれていた議員の毛利松平の援助があったからだとか、梶原一騎原作・影丸穣也作画の『空手バカ一代』で紹介されたおかげであったという話が出たが、どちらも真実ではない。道場建設で芦原が毛利から1円の援助も受けた事実はない。さらに八幡浜の道場が完成したのは、１９７０年6月15日で梶原の『空手バカ一代』の連載が少年マガジンで開始されるのが、翌年の6月である。

つまり最初の道場を建てたのは、芦原の独力であったのだ。そういう事情があり、芦原は『空手バカ一代』のおかげで道場を建てられたのだという話を聞くと露骨に不愉快そうな顔をして怒ったものであった。確かに、１９７１年以降は芦原だけでなくそれ以外の極真の支部道場は、梶原の恩恵を受けたというのは真実かもしれないが、それより以前に芦原は自分の力だけで道場を完成させていたのである。

道場経営がうまくいったことの要因の一つは、芦原の指導方法が極めてうまかったという理由が挙げられた。

一度は、50人近くまで増えた道場生であったが、道場生の申し出に答え組手をやったことで、わずか数名の道場生しか残らなかったという事件を経験し、指導方法を根本から考え直したことが大きな変革に繋がっていくのである。芦原が、自分の道場を八幡浜に構えたことにより、技というものを考える時間ができたことは大きな進歩と言ってよかった。芦原は、それまでの相手よりもより速く、より強い力で相手を倒すことを信条とする直線的な空手を考え直す必要に迫られる。言うならばそれまでの空手は、芦原だけにできる空手であり、それは芦原の体格やそれまでに蓄積された技術を活かしたものであった。芦原だけができる空手から脱却する必要に迫られていた。

芦原が、極真会館の総本部で指導員をしていた時、米軍キャンプに指導に行ったことがあった。その時に芦原が経験したのは、アメリカ人の兵士たちは身長もあり体重も重く、日本人と比べて一回りも二回りも大きな連中が多く、空手の技がなかなか通じないという経験をしていた。それは、力だけに頼った空手をしていると、やがて自分より大きな相手と接した時に勝てなくなるということを意味していた。そのために自分より体格も力も優る相手にどうしたら勝つことができるかということが芦原の一つの研究課題となった。

当時芦原が、技の研究としてよく見ていたのは、相撲だった。小が大を制するには、どうすればいいのか。そういう視点から芦原は、相撲をよく研究していた。特に芦原がよく研究していたのは鷲羽山《わしゅうやま》の取る相撲であった。鷲羽山の相撲について芦原は次のように書いている。

『私の空手の原点は、この「相手を崩しながら攻める」ことにある。守っていく中で、小さな動きを重ねながら相手を大きく崩すこと――私がこれを考えたのは、志を抱いて四国入りしてから間もなくのことであった。今の相撲取りでは、小兵鷲羽山がよくこの手を使っているようだ。蹴たぐりを決めて相手のバランスを崩し、横に回って押して出る。そして、休むことなしに小刻みによく動いている。これ

では相手が焦点を定め得ず、体を預ける暇もなく崩れ落ちるのも無理からぬことである』（『流浪空手』206頁より抜粋）

芦原英幸と基本練習

力のぶつかり合い、さらにそれをどう〝いなすか〟という研究では、相撲はいい研究材料になったと話していた。相撲は、一見簡単そうに見えるが奥の深い格闘技（国技）といえる。芦原は、晩年にも朝起きてから「四股踏み」や「股割り」のトレーニングを自宅のベランダで行っていた。これは、腰の安定感を得るのに効果的であり、同時に体の軸を作るのに役立つ準備運動である。

この「四股踏み」や「股割り」をそのまま空手の稽古に使うのは抵抗があったのか、そのままの形で取り入れることはしていない。その代わりに空手の基本稽古の中にそれと同じ効果のあるトレーニングを組み込んでいる。それが、前廻り鉄槌《てっつい》、後ろ廻り鉄槌、騎馬立ちからの横蹴り、横蹴《け》上《あ》げの稽古である。これらの稽古には、「四股踏み」「股割り」の要素も含まれており、その部分を意識して稽古することで「四股踏み」や「股割り」を行うのと同じ効果を得ることができる。

特に道場で、これらの基本技をやる時に腰の高さ、足運びなどについての指導は厳しかった。ただ単に技ができるのではなく、どういう部分に自分の意識を置いて稽古するかが重要なのである。その様子は、芦原の最初のビデオ「スーパーテクニック芦原空手―捌き―」（日商岩井・講談社）の中の映像でも見ることができる。如何に芦原が、基本を重視していたかがわかる映像でもある。かつて極真会館内部で「芦原は、基本を疎かにしてちゃんとやっていなかった」とか「基本ができないから、組手の型などを作ったのだ」という噂が飛び交ったが、それはまったくのデタラメである。

四国に渡り支部長として活動するようになった芦原は、一人でよく型の稽古をやっていた。おそらくは、この時期に昔から伝わる型についていろいろ考えたに違いない。私自身が入門した当時は、まだ芦原空手独自の「組手の型」は完成しておらず、「太極」一～三、「平安」一～五、さらに「砕破《さいは》」「転掌」「三戦《さんちん》」などが行われていた。芦原自身も「鎮闘《ちんとう》」「内歩進《ないはんちん》」「抜塞《ばっさい》」「公相君《くーさんくー》」の型を鍛錬としてやっていた。

相手の死角を取る

相手の正面に立つということは、五分《ごぶ》である。さらに相手が自分より大きな相手であればあるほど、正対して戦うことは不利になる。芦原が最初に考えたのは、相手のサイド（側面）に出るということの重要性であった。

当時直線的な攻撃が多かった空手に円の動きを付加すること。とは言うものの、相手も渾身の突き蹴りを繰り出してくるわけで、そう簡単に相手の死角を取ることはできない。芦原は、当時の稽古として、お互いに相手の攻撃を受けた瞬間にサイドに出るという訓練をさせていた。

その稽古とは、二人一組になって行う稽古で、攻撃側と受け手側に分かれ、攻撃側が肩幅に両手を広げ、自分の正面に手を出した形で構える。その相手の腕に囲まれた部分が、相手の攻撃範囲、つまり制空圏である。それに対して受け手側は、オーソドックスな構え（左足、左手が前に出た半身のファイティングポーズ）。攻撃側は、両手を広げたまま相手に向かっていく。受け側は、まず自分の左手外受けと左足、右足の引き足を使い、相手の攻撃の外側に出る（次頁の右列写真①〜③が左に出る動き。左列写真①〜③が右に出る動き）。この場合、左サイドに出るためのステップワークが非常に重要となる。

初級者の場合のステップは、左足が左に動き、次に右足が引かれるという二段階の動きになる。これは、慣れない初心者の場合は仕方がない動きだが、これが瞬時に動くようにならなくてはいけない。瞬時にこの動きができるためには、腰の動きができており、全身の姿勢が正しくなければならない。

芦原は、よく「一、二と動いているうちは、一瞬とは言わんけん。一瞬（？）と言うんよ。わかるか？」とよく冗談を飛ばしながら解説をしていた。これが、芦原の考えた四つのポジショニングの初期の指導であった。

相手のサイドへ出る訓練

芦原師範が初期に稽古させていた、相手の攻撃のサイドへ出る訓練。攻撃側（右）が両腕を“前へならえ”の形に伸ばして進んでくるので、受け手側（左）は左構えからステップワークで相手の両手の幅からサイドへ移動する。

四つのポジショニングの進化

最初は「四つのポジション」という言い方はしておらず、「相手の斜め前に出る」か、「斜め後ろに引いていなす」という言い方で指導されていた。当然であるが、まだ「サバキ」という名前もない時期で「芦原のスペシャルテクニック」という言い方をされていた。最初は、「自分の前後に四つのボックスがあると考え、その場所に瞬時に移動する」という指導をしていた。

それからしばらくして円を描いて前に出る動き、後に出る動きという大きく二つに分けた動きの指導に変わった。この二つの動きを指導していた時のことは、芦原の書いた自伝『流浪空手』（スポーツライフ社刊）の231頁に図表として出てくる。それが最終的に技術書の時には、①～④のポジションを取るという教えに変わっていった。さらにその①～④の動きの組み合わせを変えることによって円になり、それを組み合わせたのが、芦原会館のシンボルマークになっていると指導されたのである。

こうした技術指導の変化が、後に「サバキ」技術の基本となっていくのだが、この時点ではまだ芦原自身も試行錯誤していた時代であった。芦原は、指導しながら時々メモも取っていた。それまでメモを取る習慣

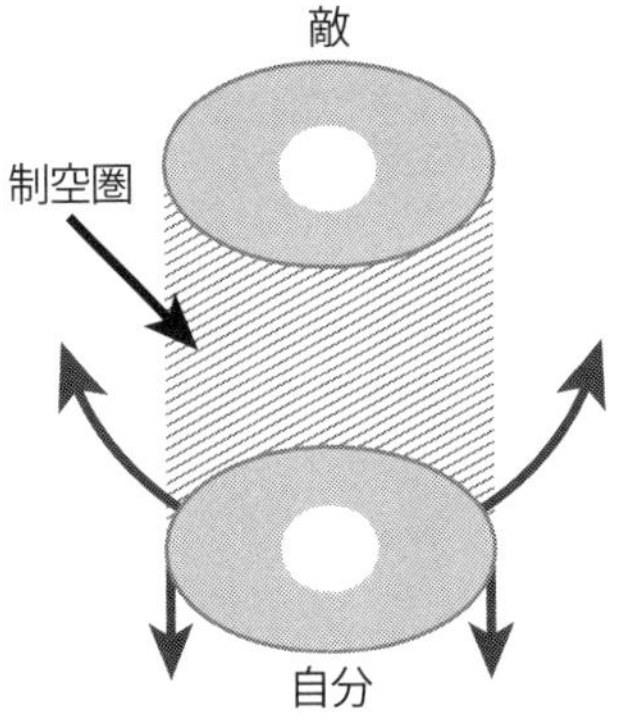

図１：斜線部分は相手の制空圏。この部分より外へ出ることが大切であると指導された。

はなかった芦原であったが、夏に四国までできて稽古していた後輩の長谷川一幸がメモ魔であったことに影響を受けたからと話していた。

しかしこうした芦原の指導は、当時直線的な前後の動きが主流を占めていた空手界においては、一つ画期的な技術として多くの人に影響を与えていた。

「相手の死角を取る」ということを徹底的に学んだ者の中には、後に（極真）全日本大会で優勝を収めた長谷川一幸や、伝統派の全日本大会で何度も優勝を収めるAなどがいる。Aは当時学生で、伝統派の空手を学びながら、大阪の芦原道場に通ってきていた。道場に通って来ていた期間はそれほど長くはなかったものの、Aは天性の勘の良さでみるみる技術を吸収していった。その後、全日本の大会で何度も優勝するようになる。のちに彼が出した技術ビデオには「サバキのテクニック」が収録されており、そこには芦原から受けた指導の影響を感じさせるものがある。

通常こうした相手のサイドに出る、あるいは背後を

ポジショニングの変遷

当初、自らの斜め四方向に四つのボックスがあり、そこへ移動するという捉え方（図2）から、前方・後方へ円を描いて動くという中期を経て、四つのラインからなるサバキのポジショニングの最終形（図3）が完成した。

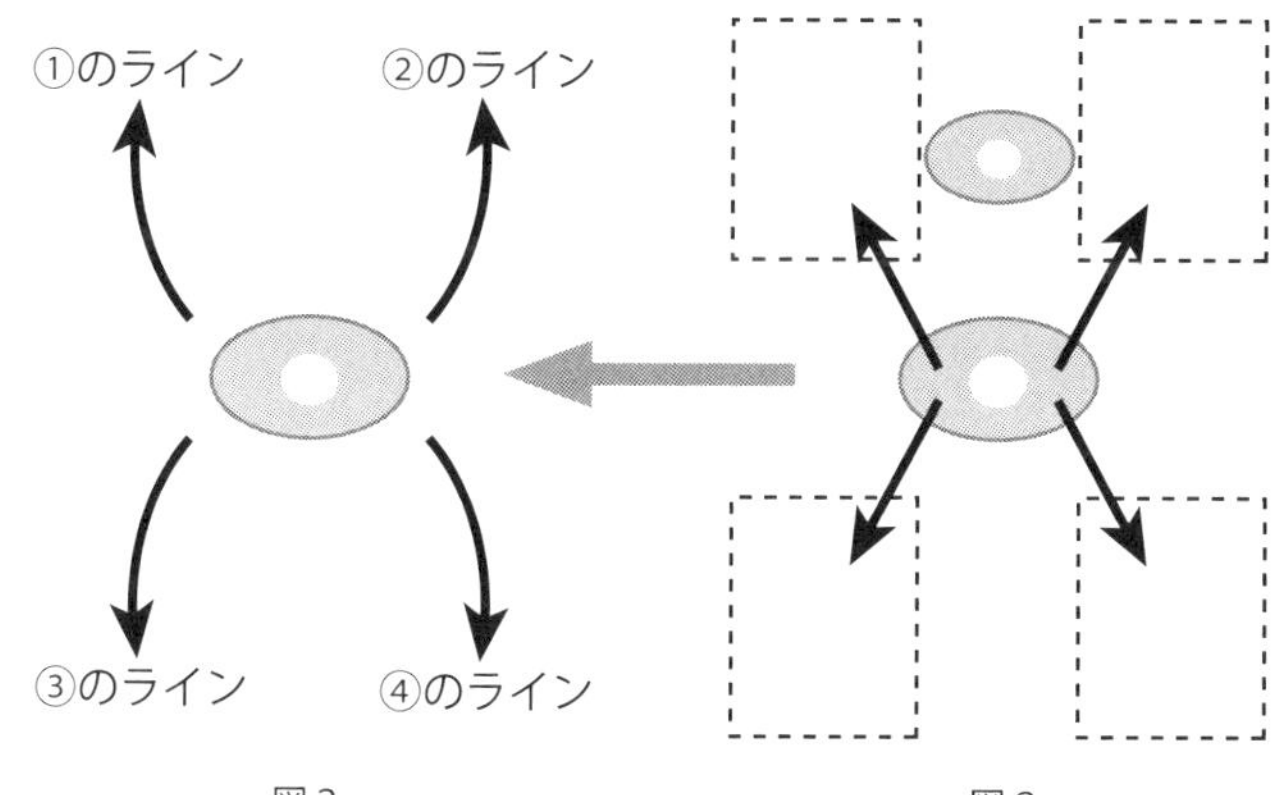

図3　図2

取るという稽古は、ミドルの間合いで稽古された。芦原空手では、間合いをショート、ミドル、ロングの間合いに分けている。基準は、中段廻し蹴りがもっとも威力を発揮する間合いを、ミドルの間合いと決めている。そこから約5センチ相手に近い間合いからショートの間合い。またミドルの間合いよりさらに相手から約5センチ遠ざかった距離がロングの間合いとなる。これは指導上の便宜をはかって決めた間合いで、実戦におけるその距離は人の体格や動きによっても変化するものである。

基本の稽古では、左に出る場合は、左手の外受けを使う。右に出る場合は右の外受けを使う。重要なのは、相手の攻撃を受けない、最低でもぎりぎりで躱せる場所に自分の身を置くということである。

芦原は、まずサイドに出るということを徹底的に指導した。それは、その動きが非日常の動きだからでもあった。人は普通ものにぶつかりそうになると、止まったり、のけぞったりする。決してサイドに動こうとはしない。そのため相手のサイドにスムーズに移動できるようになるには、ある程度の稽古時間を必要とする。1回、2回とうまくいったからといっていつも成功するとは限らない。したがって最初に行う左右のサイドを取る稽古では、相手の協力のもとサイドへ移動するという感覚を身につけることを重要視している。

そしてその次に指導されたのが、相手の攻撃を受ける、手の受け方であった。これは、基本3種類の受け方があると教えられる。稽古ではパンチではなく、蹴りを受ける手の動きが指導された。読者には一番わかりやすいと思われる、「相手が右前蹴りで攻撃してきた場合」について解説したい。

これら3種類の受け方について、芦原は技術書で三つのラインとして説明している。それが①下に叩き落とす、②横に払う、③引き込む、の受け方である。これは、当時は直線で書いて指導されていたが、現在では3種類の曲線で表されている。芦原が書いた三冊目の技術書『実戦！芦原カラテ3』では、その3種類の外受けのラインに関しては、「外受け実戦での使い方」として69頁にその説明の図が掲載されている。

同じように相手の左前蹴りに対しても3種類の左手で行う受けがある。外受けの場合と同じく左手で受けるということは、軸をぶらすことなく左右どちらからの前蹴りも受けることができることを意味している。例えば左の半身のファイティングポーズで構えていたものを、足をスイッチしてサウスポーのファイティングポーズに変えるということを考えていただきたい。よほどの熟練者か達人でない限り、逆の構えにする時に腰のぶれや居着きが出るものである。構えを変えずに相手の攻撃を受け流すことができるということは、居着くことなくスムーズな受けができるのである。

したがって相手の右パンチを左外受けで受けるのは正しいが、相手の左パンチを受けるために足を踏み換え、右外受けを使うことは実戦では好ましくない。芦原は、顔面に来た上段パンチは、ウィービングと左上段受けで受けながしていた（芦原の上段受けの様子は、最初のビデオに収録）。

ここで芦原が、稽古中によく注意したのは、〝相手の蹴りを下段払いして、その相手の足が地面に着いてから自分の蹴りを放っても遅い〞ということ。つまり①のケースで、相手の左前蹴りを下段払い（左手で）する場合である。これは左手が相手の脚に触れると同時に自分の右ローキックをスタートするように蹴れば、まだ相手の蹴りも空中にあり、そこを蹴ることになるため、相手のダメージは大きい。「手に触れると同時に蹴る」と芦原は指導していた。

これらは、いずれも相手の制空圏から出て死角に動くための基本となる動きである。まず受けから入り攻撃に転じるのではなく、〝受けながら打つ〟という「ながらの空手」ということを芦原は常に口にした。また相手のサイドに入ると同時に相手の道着（肩口）を掴み、斜め45度の角度で引き崩すことで、さらに自分に有利なポジションを取ることができる。そういった一連の動きは様々なパターンがあり、それらは後に「コンビネーション」と呼ばれた。

今ここでは、蹴りに対する受けを見たが、相手がいきなり掴んできた場合など、護身の場でもこの受けは大いに役に立つ。相手が胸を掴みにきた場合というのは、相手の蹴りが自分のほうに飛んできた状況と考えてもらえればわかりやすいだろう。右前蹴りに対する外受けは、護身にも応用ができる。

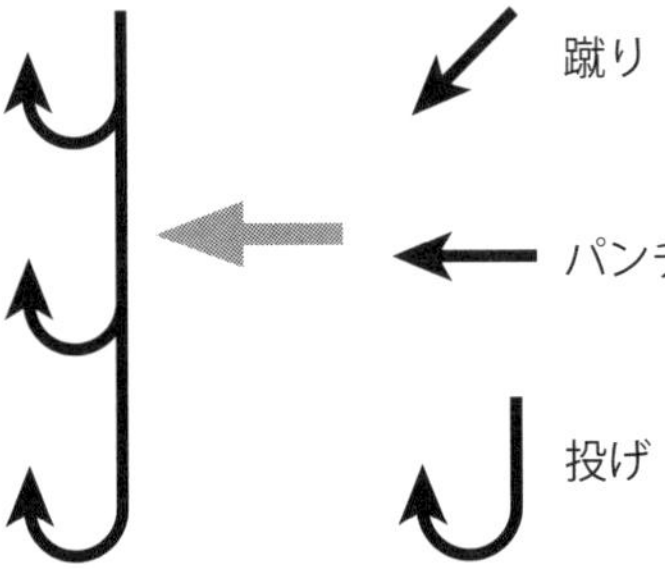

3種類の下段払いの軌跡。初期の直線（右）から、後年はそれぞれ曲線（左）で表されるようになる。外受けの軌跡も同じである。

右前蹴りに対する３種類の受け方

一見、同じように見える外受けからの攻撃だが、遠・中・近それぞれの間合で、後に繋ぐ技法（蹴り、パンチ、投げ）へスムーズに繋げるため、３種類の受け方が使い分けられている。右列の蹴りへの繋ぎには「下へ叩き落とす」受けで居着かせ、中列のパンチへの繋ぎでは「横に払う」受けで相手を回転させて死角へ、左列の投げへの繋ぎでは「引き込む」受けで相手の軸を引き付けて投げを容易としている。

護身に応用される受け技

ここで芦原が示した護身としての左外受けを見てみよう。

相手が掴みにきた場合を想定している。もちろん掴み方はいろいろなパターンがあるが、相手が右手で掴みかかってきた場合を考える。芦原は、瞬時に左手で外受けする（斜め45度に崩している）。ここで注目していただきたいのは、芦原は受けながらサイドに回り込む動きをしているという点である。同時に相手の頭髪を掴み、後ろに引き倒しながらヒザ蹴りを合わせる。

既に芦原のケンカテクニックでもお話ししたように、頭髪は掴めば、どの方向でも相手を引き摺《ず》ることができる。相手に毛髪がない場合は、相手の耳でも鼻でも穴のある部分に指を引っ掛けて倒すことが可能である（次頁右列写真①〜④）。

外受けはただ払って受けるだけではない。応用としては、相手の伸びてきた腕を左下段払いの要領で自分の胸前で押さえ、右足を引きつつ、右手をアップダウンさせることにより相手を投げる（次頁左列写真①〜④）。

こういったテクニックは、護身として指導されていたが、すべては基本の受け方の延長上にある。相手が大きい場合や筋力が強い場合などもあり、相手が崩れにくい場合も出てくる。芦原が、どんな大きな相手でも瞬時に崩せたのは、軸ができ、同時に腰の安定度が極めて高いことが挙げられる。

芦原英幸の「受け技の護身への応用」

芦原師範の映像から、受け技の護身的応用。右列では左手の外受けで相手の右腕を外から斜め下へ崩して背後へ回り込み、頭髪を掴んでヒザ蹴り。左列は下段払いで同じように相手の左肘を巻き込んで崩し、投げている。

第6章

芦原カラテ“サバキ”の道標

従来の空手にはなかった、独特な技術を駆使する芦原空手。

変容する芦原の空手技術

芦原の八幡浜道場完成は、芦原の独自の技術を進歩発展させるために必要不可欠なものであった。昔の武道家のように常設道場もなく全国を行脚しながら、行く先々で武道を指導して路銀を稼ぐという生活では、いかに達人といえども大きな進歩は望めない。時系列で芦原の技術的な変遷を見る時、その技術が大きく変貌し始めるのは、常設道場を構えて以降の話になる。

八幡浜に来た当初の芦原の指導する空手では、基本もそれほど重要視されておらず、軽く身体をほぐしパンチと蹴りの基本技をやると、すぐ組手をやるというスタイルであった。実は、この当時のことしか知らない人は、芦原は基本も知らないとか、基本がいいかげんだと言うのだが、それは芦原が四国入りしてまだ日の浅い初期の頃の話である。

ほどなくして、芦原はそれまで自分が東京でやってきた指導方法では道場生が成長しないことに気づくのである。そのため芦原は、伝統派を含めあらゆる空手を研究し、基本や型稽古を根本から見直すという作業を行っている。空手の全流派の型についても研究したのはこの時期である。特に「受け技」の重要性を考え、一から「受け技」を見直している。さらに受けると同時に攻撃に転ずる方法（攻防一体の技術）を模索する。芦原は、この時期の経験から如何に基本稽古をしっかりと身につけさすことが大切かを実感する。

のちに芦原自身「多くの者が、サバキのテクニックばかりに走ろうとするけん、それよりもまず基本が大事じゃけん。基本がしっかり身についちょらんもんがサバキ技術を身につけることはできはせんけん」と語っている。芦原の三冊目の技術書である『実戦！芦原カラテ3　誰にでもできる空手』で他の空手技術書に類をみないほど基本を事細かに解説しているのは、この時期の研究が反映された結果なのである。

基本がしっかりと身についていないと、その上に技術を積み上げたとしても不完全なものにしかならない。弟子が試合に出たいと言った時でも3分間20ラウンドくらい平気で闘えるくらいの体力、持久力がなければ試合になど出場させられないとよく語っていた。さらに言えばそれだけの力がありガチンコ勝負で絶対に相手から一歩も引かないという胆力を持ち合わせている者が、サバキを学ぶことでより高みに進むことができるという指導であった。

したがって当時、ビデオや書籍がなかったこともあり、芦原の特別な技術を学べるのは黒帯以上の実力者であったし、そんな彼らでも芦原の技術を充分理解できたかというとなかなか難しいものがあった。芦原の研究熱心さもあり、日々芦原の空手は進歩した時期であった。

基本の見直しと共に多くの時間を費やして研究したのが「ムエタイの技術」であった。そこに極真時代からのOBであり、芦原が死ぬまで尊敬し続けた藤平昭雄（大沢昇）のタイでの試合経験が芦原にも大きな影響を与えた。芦原は、東京に戻るたびに藤平を訪ねムエタイに関

芦原師範へムエタイへの目を開かせた先輩“キックボクサー大沢昇”時代の藤平昭雄氏。また、芦原師範が高く評価していたキックボクサーには、オランダのロブ・カーマン選手がいるという。

する質問をぶつけた。さらに藤平の試合があった時には、その試合を観戦するためだけに上京していた。実際「ムエタイ」から影響を受け、芦原空手のなかに取り入れられた技術は数多く存在するし、「ムエタイ」からヒントを得た技術が芦原により大きく進化した技もある。

芦原の技術は、その根本がストリートファイトにあり、短時間、できれば瞬間に相手を倒すということを信条としていた。そのためには、合理的で理にかなった動きを追求するようになっていく。身体能力を向上させるために高い蹴りを基本稽古では数多く行わせたが、組手指導のなかでは、前蹴りやハイキックで倒すということは少なく、パンチと蹴りのコンビネーションを多用した。そうした、より実戦性を追求した芦原の空手は、徐々に当時の極真会館総本部で指導される稽古内容とは、変わったものになっていった。芦原はこの時代、四国の地で毎日24時間空手のことだけを考えて鍛錬を重ねていた。

道場内では、パンチで顔面を叩くのは当たり前であった。そして「それが空手本来の姿なのだ」と芦原は弟子に指導していた。芦原は弟子との組手でも掌底を使って相手をしたが、それでも顔面のガードが甘いと歯が折れたり、鼻を折るということも少なからずあった。そのため、毎日の稽古では顔面ガードの必要性を口うるさいほどに強調し指導していた。

さらにサイドやバック（背後）を取り相手の死角から攻撃する技術、相手を崩しヒジ打ちやバックハンドで倒すという技術を使っていた。正面からぶつからない。相手の側面や背後をいかにして取るか（死角を取る）ということに重点が置かれた。つまり組手でお互いに延々と殴り合うことは良くないという指導がされた。相手とすれ違った時には、相手が倒れている。瞬殺の技術が研究された。後に芦原は、「相手の第一撃を捌く（処理する）ことが大切だ」と指導した。最低でも第二撃目を捌けなければ、相手の勢いにおされてしまい、不利な立場に立たされるからである。

八幡浜道場には、可動式のサンドバッグが設置され、サンドバッグの叩き方もあらゆる方法が研究された。芦原は、比較的早い時期にビデオデッキも購入し、他流派の空手はもちろん、相撲、ボクシング、合気道、沖縄唐手、大東流合気柔術などの武道も研究していた。さらに既に述べたように肥田式強健術や若木竹丸の怪力法なども研究していた。特に若木竹丸の書籍は、まだ極真会館総本部時代に入手し、肉体改造の指針として活用していた。

そんな当時の研究から、特にその後の芦原空手に繋がった技術について見ていきたい。また芦原が、当時どんな技術を使っていたのかに言及していくことにしよう。

タイミングを研究する

ポジショニングについては、既に前章で述べたように、相手の攻撃が届く範囲から出るという考えが重要だと指導された。次に芦原が、指導した重要なことが〝タイミング〟であった。

同じ技でもタイミングが少しずれただけで、技としては死んでしまう。そのよい例が試し割りである。試し割りの時の板は、持ち手がその板をしっかりと固定していることが大切である。その板が少しずれただけで、割れなかったりするからだ。芦原が、このタイミングを指導する時によく説明に使った技が、ストッピング（当時はストッパーと呼ばれていた）である。

このストッピングという技は、ムエタイの「ティープ」という技を芦原流にアレンジした技である。

ムエタイでは、主に相手の攻撃の勢いをストップさせる時に使う技である。芦原は、このムエタイのティープを独自の発想で芦原空手の技へと進化させたのである。

その実験台になったのは、当時の内弟子（寮生）たちであった。当時道場では、直接内弟子たちを相手に指導する日があり、その日は芦原が組手の相手をした。お互いに構え、芦原の「始め！」の号令で始まるのだが、芦原が納得し「終わり」というまでは、延々と組手稽古が終わることはなかった。そうした環境のなかで芦原は、自分がひらめいた技を試し、使えると判断したものをオリジナルテクニックに加えていったのであった。もちろん、最初はいい技だと思ってもうまくいかないとわかればその技はすぐに没になり、違う方法を考え出すという具合だった。

ムエタイのティープは、相手が勢いをつけ自分に向かってくるのを止めるという要素が強く、そういう形でしか使われない。芦原はこのムエタイの技を、受けの技から攻撃の技へと変化させたのである。最初こそ、その使い方は相手の帯の結び目を狙って蹴り、相手の突進を止める程度の働きとしてしか使われなかったのだが、組手稽古中に相手の出鼻を挫くためにこの蹴りが有効であることに気づく。それ以降は、様々な方法が試され、芦原空手の代表的な技の一つに数えられるまでになる。

批判に対する芦原英幸の反論

このストッピングについて「こんな技は使えない」と言った人物がいた。それが当時US大山空手の最高師範であった大山泰彦であった。大山泰彦は、自分の所で出しているビデオのなかで、「こういう技（ストッピングのこと）を使う先生がいるんだけどな、こんな技は使えない」と全否定。当時ストッピングを指導している道場は、芦原会館以外には存在していなかった。誰が聞いてもそれは、芦原のことを指していると想像がついた。それに対して芦原は、自著『空手に燃え空手に生きる』（講談社）でみごとに反論している。

芦原は、大山泰彦に対し、以下のように反論している。

『しかし、こうやってコツコツと空手を教えているのに、なぜだか知らないが、私をコキオロス人もいる。私が指導していること、この場合は「蹴り足ストッピング」という技に対してだが、「蹴り足ストッピングは不可能だ。あれは嘘だ」こう、的外れなことを言う人もいた。（中略）

一言、言わせてもらう。「蹴り足ストッピングができないのは、できないという人が理解できないせいだ。もう一度、私の技術書、ビデオをじっくり見て、勉強してほしい。練習しないでもできるような技など、私はわざわざ指導はしない』（『空手に燃え空手に生きる』より抜粋）

芦原師範、二冊目の自伝書『空手に燃え空手に生きる』。

これは有名なエピソードの一つであるが、ある意味、大山泰彦の見方はその他の多くの武道家の見方とほぼ等しい見解であっただろうと想像できる。当時、空手業界でストッピング、あるいはそれに類似する技術は芦原会館以外には皆無であった。芦原は、極真会館本部時代にムエタイをかなり熱心に研究し、ムエタイの選手とも軽いスパーをやったことはある。そこでの経験値が、芦原に新しい技術を生み出させる要因になった可能性は大きい。

ストッピングとタイミング

芦原空手ではストッピングを、関節蹴りを〝受け〟に変化させたものと定義している。ミドルの間合いで、蹴り、パンチに対処する技術である。重要なのは、軸足、蹴り足のヒザを伸ばしきらないこと。伸ばしきったストッピングは、相手の威力をモロに受けて自分の体勢を崩すことになる。たとえていうならば相手の出す力を足の腹で吸収し、その吸収された力が腰を経由して自分の足から地面に抜けてゆくようなイメージである。つまり相手の力を受ける時に、身体が居着く状態であると、ストッピングどころか相手の力をもろに足に受けてしまい、自分自身のバランスを崩しかねないのだ。

腰の柔軟性を高めるためには、股割りや四股踏みが良い。事実、芦原は毎朝家のベランダの手すりを持ち、股割りや四股踏みのストレッチを欠かさなかった。その日々の鍛錬が柔軟な股関節を作り、体軸のしっかりとした肉体を作り上げたといっていいだろう。

ストッピングについて、当時、芦原が黒板などに書いて指導していた図を再録しておくので、参考としていただけると良いだろう。基本となるストッピングは三つある。

①蹴り足ストッピング……蹴り足の付け根を狙い蹴る（❶動く蹴り足へのストッピングもある）。
②ボディストッピング……どちらの蹴りが出るか判断できない時、また相手の初動に反応が少し遅れた場合は、相手の帯の結び目を蹴る。

③軸足ストッピング……相手が蹴りを出す瞬間に、軸足のヒザ関節を狙って蹴る。軸の回転を読んで蹴る必要がある。実戦では相手の金的を蹴る。さらに相手の蹴りがインパクトする直前に使うこともできる。

三つのストッピング（対蹴り）

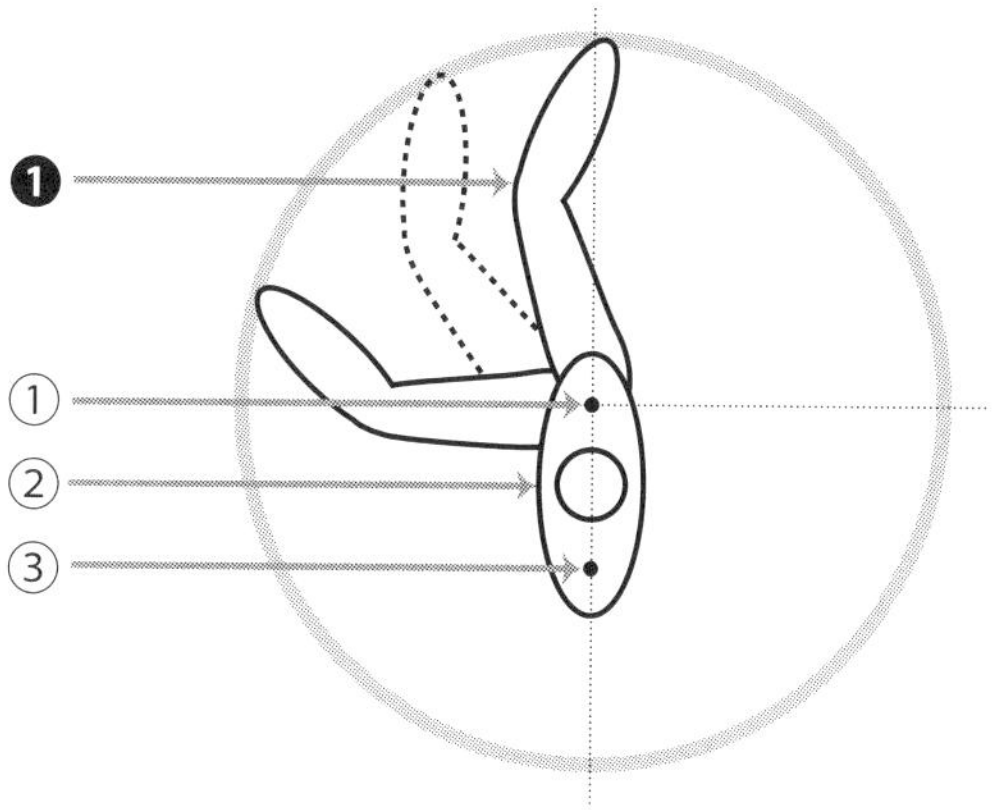

さらにこのストッピングと共に指導されたのが〝タイミング〟の重要性であった。おそらくは、ストッピングの研究をしているうちに、タイミングの取り方の重要性に気づいた可能性はある。芦原は、相手の右ハイキックに対するタイミングの取り方で指導をよく行っていた。そのタイミングの取り方によって様々なサバキが使える。蹴りを外してパンチだけで相手を倒す方法などもあるが、ここではわかりやすい蹴り技での対処法を公開する（94〜96頁写真参照）。

相手が、右のハイキックを蹴ってきた場合を想定してのタイミングの取り方は、大きく五つのタイミングを紹介する。実戦になるともっと細分化されたタイミングが生まれるが、複雑になりすぎるため代表的なものに絞って紹介する。

1 初動時に軸足へのストッピング

相手が動き出す直前（初動時）に軸足へのストッピング。通常は、オーソドックスな構えから左足で相手の軸足へストッピングを踵で行う（①～③）。追撃（④）。これが上級者になれば、右足を使って相手の軸足へストッピングを行う。

2 蹴り足を押さえるストッピング

相手が蹴りを出す瞬間を押さえる（蹴り足ストッピング）（①～②）。追撃（③）。

これより少し遅れ、相手の蹴りが出てしまった場合は、インファイトから上げ受けで押し倒す（④～⑤）。

3 インパクトを見切り、軸足へローキック

相手が蹴りを出している最中。相手の蹴りのインパクトを見切り、相手の軸足にローキックを蹴る（①～④）。相手が1本足になっている不安定な状況を攻撃する。

4 蹴り足の着地の瞬間、蹴りを合わせる

相手の蹴り足が着地した瞬間に、ボディまたは顔面への蹴りを合わせる（①～④）。

5 ウィービングでかわし様、蹴り足へ関節蹴り

相手の蹴りをウィービングでかわし（①）、その足に関節蹴り（ローキックも可）を蹴って崩す（②〜③）。追撃（④）。

以上の技術1〜5では、相手の右のハイキックを例に挙げて考えているが、左のハイキックにも同じような四つのタイミングで技が考えられていた。特に技術3の相手の蹴りがインパクトに達する直前に出される蹴りは、「軸足蹴り」として広く知られる技の一つになっていく。

芦原英幸のパンチテクニック

芦原はパンチにおいても、どういうタイミングでパンチを打つかということに細かな技術を持っていたが、それらを書籍化することはなかった。芦原空手におけるパンチ技術は、ボクシングのパンチ技術と共通している部分が多い。ただ蹴りの技術が付加されるため、ボクシングの技術そのものではない。

芦原が、いつボクシングの技術を学んだのか？という疑問は長い間、私のなかにあった。芦原が、東

京で会社勤めをしていた時代に、自分の部屋にタコ糸を天井から垂らしてパンチを打つ練習をしたり、寮の屋上で夜に外灯の明かりのなか壁に映る自分の姿を見ながらパンチを打つ練習をしたということは、芦原自身も自伝書などに書いているのでわかる。しかし、芦原がいつどこでボクシングの技術を習得したのかは、長い間謎であった。ただ東京時代にアマチュアのボクシングチャンピオンと手技だけで勝負して一度も負けなかったと話していたことから、どこかでボクシングの基本は学んでいるはずだと考えていた。

独特のスピードと冴えを持っていた芦原師範のパンチテクニック。そこにはボクシングの経験も活かされていた！

よく空手をやっている者が、ボクシングと勝負しても空手が強いなどという者がいるが、大きな間違いであると言っておきたい。手技だけに関していえば、絶対にボクシングが最強である。そのことは芦原自身も言っていた。そのため、私が関西本部に通っていたころには、多くの黒帯は空手道場に来ながらボクシングジムにも通っていた。事実、私が当時知っている道場生は、全員近くのボクシングジムでボクシングのパンチテクニックを学び、ある程度パンチ技術が身につくとボディビルのジムに通っていた。これも芦原の〝不必要な筋肉をつける必要はないが、打ち合いをして負けないだけの筋肉はあったほうがいい〟という教えに従ったものであった。

近年、私が芦原の東京板橋での足跡を調査した結果、当時芦原が勤務していた幸伸興業の従業員でボクシングジムに通っていた者がおり、最初はその者からボクシングのイロハを学んだということだった。当時同じ会社に勤めていた人物の話によると、芦原は短期間ではあるが板橋のボクシングジムに通っていたという話が聞けた。さらにその同じ人物から、芦原がジムでチャンピオンとボクシングをして勝ったという話も事実であると語ってくれた。

それらのことを総合すれば、当時大山道場に通う傍ら、一時期ボクシングジムに通ったというのは、どうやら事実のようである。短期間でボクシングの基本をマスターし、かなりの実力を身につけたのは、芦原に武才があったからにほかならない。

芦原のパンチ技術に関しては、四国に渡る前に少なくともアマチュアボクサーなみの力量はあったのではないかと思う。会社勤めをしていた芦原であったが、当時でも半端ではない自主トレーニングを行っていた。大山道場での稽古以外には、毎日ランニング、腹筋運動（６００回）、腕立て伏せ（３００回）、バーベルを使ったウエイトトレーニングをこなしていた。さらにパンチのトレーニングをワン・ツー・スリーの連打からクロス・アッパー、フックなどすべてのパンチを練習した。それはあくまでも当時の最低練習量で、時間があればそれ以上に自分にトレーニングを課していた。それだけの土台があっての四国入りであったわけで、その時点で芦原の空手技術が変化していくための条件は完璧なほど揃っていたといえる。

空手を基本とし、様々な武術や格闘技を研究するなかで、自分が今まで数多くやってきたストリートファイトというフィルターを通した時、芦原にはより実戦的な空手の創造という大きな命題が見えたに違いないのだ。より合理的、科学的な空手、さらに誰もが安全で楽しく学べる空手を目指したいという思いが、のちの「サバキ」という大きな技術体系を生むきっかけになったといえるだろう。

この八幡浜道場は、芦原空手の聖地であると同時に、芦原の東京で培ってきた技術が様々な要因と化学反応を起こし、新しいものを生み出した場所であったといっても過言ではないだろう。芦原が四国の地で警察に指導したことも、芦原に大きな影響を与えたし、後の特殊警棒（Aバトン）を生み出す一因となったのはまぎれもない真実である。

第7章

芦原の“見えない技”の理由

在りし日、自ら構築した芦原空手の理論展開を指導する芦原師範。

〝見えない技〟の秘密とは何か？

芦原空手の最初の技術書は、もとは角川書店から出る予定であった。しかし当時、角川書店の社長角川春樹とウマが合わず腹を立てた芦原は、技術書を出すことを一度は断念している。そんな芦原に救いの手を差し伸べたのが、講談社の『少年マガジン』編集部の人間であった。まさにそれは、渡りに舟と言ってよかった。技術書制作には、綺譚舎の高見澤秀が芦原に尽力した。

そうして出版された芦原念願の技術書『実戦！芦原カラテ』は、当時のこうした空手の技術書は売れないというジンクスを破り大ベストセラーとなった。東京、大阪で行われたサイン会では、長蛇の列ができた。さらに当時芦原の技術書の広告は、『少年マガジン』1ページを使って出たのだが、その時の広告コピーも素晴らしかった。

「ケンカ十段と呼ばれる、あまりに強い男、芦原英幸。多くの者が彼に挑戦し敗れ、そしてドロにまみれながらつぶやいた。芦原のカラテはどこか違う……と。超人的な強さで技が見えないとまで言われた男の秘密は一体何だ？　今、芦原英幸はその問いに明確に答える」（当時の講談社広告より）

これは、当時言われた芦原の評判を的確にとらえた宣伝コピーと言ってよかった。道場破りに来た連中はもちろんのこと、芦原会館の門下生であっても、芦原の技が見えず、気がついた時には天井を向いていたという話は多くの道場生が抱いた感想であった。また私自身、芦原と組手をした時に瞬殺され、気がつくと天井を見ていたという経験を何度もしている。まわりの人々は、それが大げさなマスコミの宣伝だと言った者も多かったが、決してそうではなかった。芦原の繰り出した技は見えなかったのである。

　では芦原の技は、なぜ見えないと言われたのだろうか？　当時は、まだムービーカメラやビデオなども高価な家電であったので、芦原が指導することをすべて記録するのは難しいことであった。それでも熱心な道場生は、個人個人でその技の検証を行い、メモなどにその様子を懸命に書き残そうとした。ただ、メモする者も技をかけるタイミングまでも正確に書き留めることはできなかった。その原因は、タイミングやポジショニングはもちろんだが、そこには芦原流のケンカ殺法が活かされていたからである。

　そうした芦原の技の凄さの一部は、ビデオや技術書が出るようになってから、少しずつ解明されてきた。その秘密の一つは、相手の不意をつくことのうまさであり、芦原ならではの考え抜かれた戦略が存在した。

芦原空手最初の技術書である『実戦！芦原カラテ』の当時の広告。その惹句は芦原師範の空手の本質を的確にとらえていた。

　芦原が、まだ極真会館に入りたてのころ、芦原は自分の実力を確かめるために街に出てケンカをすることが多かった。実は、そのあたりのことを芦原は自分の自伝では意識的にかなりカットしている。それは、梶原一騎原作・影丸穣也作画の『空手バカ一代』のイメージが大きすぎるため、自らはそのイメージを修正したいという思いがあったからに他ならない。それでも確かにケンカの数は他の道場生に比べると段違いに多かったのもまた事実であった。

芦原は、特に池袋から新宿近辺で数多くのストリートファイトを行っていた。そんなある日のこと、芦原は数人を相手にケンカをした。相手は十数名おり、芦原の味方は誰一人いない状況であった。相手と対峙し緊張した場面で、芦原は不意に力を抜いたような表情で、男達のその背後に目線をやるふりをすると、「あっ、おまわりさん。なんでもありませんから」とあたかも背後にいる誰かに話しかけるかのように振る舞ったのだった。男達は、背後に警官がいると信じ後を振り向いた。芦原が、男達に飛びかかったのは、その瞬間だった。その一瞬の判断が勝敗を分けた。芦原の圧勝であった。

このように極度に緊張した場面での芦原は、逆にハラが据わり動じることは一切なかったという。時には、このようなトリッキーとも言える戦略で相手を倒したというのだから、なかなか常人にマネのできるレベルではない。

またある時は、道場生との組手指導で、相手の目の前に両手を突き出して掌を合わせてパーンと叩いてみせて、相手が瞬間的に目をつぶった時に相手のサイドポジションを取り捌くという技術を実演して見せた。これは、相撲の「猫騙《だま》し」と言われる戦法を芦原なりに空手にアレンジしてみせたものであったが、瞬間目をつぶるとそこに隙が生まれる。その一瞬の隙を逃さず自分の攻撃に繋げたのであった。

芦原の技が見えないと言われるのは、そういった心理的なトリックを使ったり、相手の視覚を瞬間奪うことで自分に有利な体勢を作り出すことによって生まれたものである。「ケンカも空手も勝つためには、戦略が必要じゃけん」と芦原は、よく弟子に言って聞かせていた。当時道場生たちは、そんな芦原の武勇伝を聞いては目を輝かせていた。そんな話で私が特に印象深く覚えているのは、「相手が下手《したて》に出てくる時こそ用心せよ！」という教えだった。

怒りにまかせて襲ってくる人間ほど動きが単調になり捌きやすいが、下手に出てくる相手は何を考えているかわからないと教えられたものである。そんな時は、相手が凶器を所持していることもあるわけで、常に起こりうる危険を回避できる心構えと対処法は必要である。芦原の最初の技術ビデオの中には、

相手の腕を押さえると同時に、目を叩くテクニックを示す芦原師範。

相手が握手を求めてきた瞬間にもう一方の手で後からナイフを抜いて襲いかかってくる相手を捌くという映像が収録されている。この映像では、二宮城光の弟子ポール・オマリーが暴漢のナイフを捌き、制圧しているのだが、この映像はかつて芦原自身が経験した状況を再現したものであった。

一瞬の気の緩みが、いかに危険であるかを示したものであった。ちなみにこの時の暴漢役でナイフを操っていたのが、総本部職員の里健志である。里は、芦原会館でもナイフやAバトンなど武器の扱いに精通しており、芦原がAバトンを製作していた時に図面を引き、芦原の武器術には大きな貢献をした人物でもある。現在は、芦原が生まれた江田島でサバキ技術の探求に余念がない。

相手の視覚を奪うテクニック

芦原の技が見えないといわれたなかで、一番わかりやすい技術が、相手の視覚を瞬間奪う技術である。こうした技術は、試合などでは使えない危険な技術であるが、実戦では必要な技術である。また芦原は、この技術を警察学校で犯人を取り押さえ制圧する場合の技術としても指導していたことがわかっている。警察官の指示に従わない者や暴れる相手を瞬時に制圧する技術として、特別に指導していたことが知られている。しかし相手の視覚を瞬間的に奪えば、相手に隙が生まれるとわかっていても、わかっているだけでは使えないのが、この技術の難しさでもある。

瞬間、相手の視力を奪うコンビネーション1

①〜②上段パンチを左外受けから↓③相手の目を叩き↓④そのまま左手で相手の右の二の腕を押さえながら右ボディへパンチ。

瞬間、相手の視力を奪う コンビネーション2

①右上段パンチを左外受けから（コンビネーション1と同様）↓②相手の目を叩き↓③髪の毛を掴み崩し↓④ヒジ打ち。

瞬間、相手の視力を奪う コンビネーション3

①～②相手の左前蹴りに対して↓左下段払いから相手の目を叩く（写真省略）↓③相手の髪を引きながら右ヒザ蹴り↓④さらに足を踏み換え左ヒザ蹴りを頭部へ。

まず相手との間合いが離れていては使えない。それなりに相手との距離を詰めることができなければこの技は使えない。さらに人間は、本能的に目の前に何かが来れば防衛本能からそれを避けようとするものである。相手の突然の急所攻撃を手で防ぐ場合もあれば、体をひねってかわすかもしれない。目は、急所であるだけに狙って叩くというのはそう簡単にいくものではない。それだけに、その動作に繋げるための〝前動作〟が必要となる。

芦原が得意とした技術の一つは、相手が繰り出した右パンチに合わせて相手の視覚を奪い、裏投げにもっていくパターン、あるいはそのままヒジ打ちを打ち込むパターンである。あるいは、ストッピングを有効に使うことで、相手を崩して制する技術などもある。なかでも特にパンチを捌く稽古をする場合は、相手のパンチを想定して顔面のカバーを疎かにしてはいけないということを繰り返し指導された。

芦原道場で、芦原が顔面ガードを毎回うるさいほど厳しく指導したのは、有名な話である。実際、芦原の顔面ガードの指導を受けながら、そのアドバイスを聞かず、試合で顔面に強打を受け大怪我を負った者がいた。「相手の視覚を奪う技術」は、通常の技術より危険度が高いこともあり、これは芦原の技術書には一切載せていない技である。ここでは、芦原が得意としたパンチからの技術やその練習法までを初めて公開する。

この稽古において目を叩かれるほうは、スキーのゴーグルのようなものをはめて稽古することで事故を防ぐことができる。芦原自身がそれ用の特殊防御ゴーグルのようなものを考えていたこともあった。だが相手の目を叩くことを意識しだすと、当初芦原が考えていたサバキ技術の基本形が崩れてしまうおそれがあるために、途中からは指導をしなくなった。同時に防御用ゴーグルのアイデアは実用化されずに終わった。この技術だけでも数多くのサバキ技が存在するが、危険度が極めて高いので一部の技のみ紹介するにとどめる。

相手は、目を叩かれた瞬間視力を失う、その瞬間に技をかけられるのだから、技をかけられたほうが、何をされたかわからないというのもうなずける話なのである。芦原は、こうした技術を海外から学びに来た、ある特殊な任務に就く者たちには、特別に指導していた。サバキには、相手がナイフや拳銃を所持していた場合の対処法なども存在する。

芦原の〝クロスカウンター〟

芦原が相手のパンチをかいくぐりながら、自分のパンチを相手に打ち込めたのは、そうしたトリッキーな技術があったからだけではない。芦原には、抜群のパンチ技術と、普通の成人男子よりも腕のリーチが長いという格闘技向きの体型をしていたことも、その理由の一つであると考えられる。

極真会館の四国支部を設立するという大山（倍達）からの使命を受けて四国入りした芦原であったが、その時期、芦原のパンチ技術は最高のコンディションに仕上がりつつあったようだ。実際、当時（八幡浜道場時代）芦原のパンチ技術に対処できる道場生は、一人もいなかった。あの最古参の中元憲義ですら、芦原が縦横無尽に繰り出すパンチは見えなかったと証言している。

当時の芦原が得意としていたパンチテクニックの一つが、相手が右のストレートパンチを繰り出した次の瞬間、芦原の三連打が相手を襲いノックアウトするというものだった。芦原の左手は、相手の右のストレートパンチをスライドするように受け、そのままその左手が相手の顔面にヒットする。そこから右二打目がボディ、さらに三打目のパンチがサイドポジションから相手のアゴをアッパーパンチで打ち抜く早業である。

あの作家の梶原一騎は、芦原のこの技を見て、「あしたのジョー」のクロスカウンターを思いついたのだという説もある。確かに梶原は一時期、芦原と交流があり四国にも何度か弟の真樹日佐夫と共に訪れており、ありえない話ではない。当時、梶原自身が「ケンカ十段こと芦原英幸の技術は、目にも留まらぬ天才のそれである」と語っている。

この動きは、小さく受け、同時にそれが攻撃に繋げられているという点では、まさに芦原の理想の動きの一つだと言ってもいいだろう。相手のパンチを見切り、最低限の動きで反撃しなければならない。

芦原が、よく弟子の前で相手にパンチを何発打ったか数えさせることがあった。すると多くの者が、必ず1発か2発は数が違っている。それは、いかに芦原の打つパンチが速かったかということの証明でもある。これが、相手との攻防のなかでのパンチになると、さらに「数えきれないパンチの数」は増えるのが常であった。それは、ここで言うように、最初に受けた瞬間に攻撃の第一撃が相手に届いていることとも関係している。受けが即攻撃に繋がっており、受けながら、捌きながら自分の攻撃に繋げる芦原スタイルの根本原理がそこにある。

ここでは、芦原がシャドーで行うパンチの三連打と相手の蹴りを受けてから打ち込むパンチを写真で紹介する。分解写真になっているが、どちらの動きも瞬きをするほんの一瞬の動きである（１１２〜１１３頁参照）。

芦原は、このパンチを身につけるために、かなりの努力を東京での極真会館時代に行っている。芦原は、そのトレーニングを「シャドウ・トレーニング」と呼んで実践していた。当時、勤務していた会社の寮の屋上で夜にパンチトレーニングを行っていたのである。近くの会社の明かりが、芦原を照らしその影が隣のビルの外壁に映った。その壁に投影された自分の影を見ながらパンチトレーニングに励んだのである。その当時の稽古方法は、芦原自身が自分の自伝に記述している箇所があるので引用しておく。

『さらにパンチにスピードをつけるために、寮の屋上でシャドウ・トレーニングを行った。これは電灯の光を横から浴びるようにして、ビルの壁に自分の影をうつすのだ。そうしてパンチを放つと、当然、影の私もパンチを打つ。ワン・ツー・スリーと連打、クロスのアッパー・フックを混じえ、すべてのパンチをトレーニングをした。

（中略）ようやく納得がいくパンチが出せるようになったのは、四国に行ってからのことだった』（『空手に燃え空手に生きる』43頁より抜粋）

ここで掲載している三連打の写真は、芦原が芦原会館をちょうど立ち上げた頃の写真である。写真では、なかなかわかりにくいが、芦原は相手の右パンチを左手で受ける（受けるというより軽く触る感じ）と、そのままパンチは顔面を打ち抜いている。練習では危険なので、その第2撃、第3撃をすばやく打ち込む稽古を行う。

芦原英幸による一瞬の攻防動作

在りし日の芦原師範による、得意の三連打の連続写真。②では相手の攻撃を受け流すと同時に、相手の顔面を叩いている（106 頁コンビネーション 1 の①～③を極小にした動き）。この一連の動きを芦原師範は一瞬で完結させていたという。ここでは二打目が上段になっている。

同じく芦原師範による、相手の蹴りを受け流しつつ、相手の前腕を押さえ、すかさずサイドから右ストレートでアゴを打ち抜く瞬殺コンビネーション。

髪の毛を掴んで崩す

相手の目を叩き一瞬相手の視力を奪うというのも、一つの技術であるが、芦原がそれ以外にも得意としていたケンカテクニックからの応用技が、〝相手の髪の毛を掴んで崩す〟という方法である。

実際にやってみればわかるのだが、髪の毛を掴んで相手を自分の思う方向に崩すというのは、比較的簡単にできる。昔、合宿の時に、「頭の毛がない場合はどうすればいいんですか？」という質問をした者がいたが、芦原は「その場合は相手の耳を掴んでもいいし、鼻に指を突っ込んでもいいし、最悪相手の口に手を突っ込んで崩してもいいんだよ」と答えていたのを思い出した。

要は、相手を崩せれば良いということであったのだが、確かに髪の毛を掴もうにも、相手に髪の毛がまったくなければこのテクニックは使いにくいかもしれない。しかし、ケンカという実戦の場では、この相手の髪の毛を掴んで崩すという技は役に立つ。

相手の髪を掴んで崩しヒザ蹴りを合わせるというのは、芦原の得意技であると共に、芦原空手では基本的な技である。基本では、相手の右手による掴みには、左外受けから頭髪を掴んでヒザ蹴り。左手の掴みに対しては左下段払いから頭髪を掴みヒザ蹴りを合わせる稽古をやっていた。これには、いくつものバリエーションがある。

髪の毛を掴んで崩すケンカ・テクニック

①相手の右手の掴みに対して↓②左外受けで体勢を崩しつつ、頭髪を右手で掴み、さらに崩す↓③同時に右ヒザ蹴りを相手顔面へ合わす。

①相手の左手の掴みに対して↓②左下段払いで相手を回し崩しつつ、頭髪を右手で掴み、さらに崩す↓③同時にヒザ蹴りを相手の後頭部へ合わす。

第8章

芦原の必殺ケンカ術と道場破り

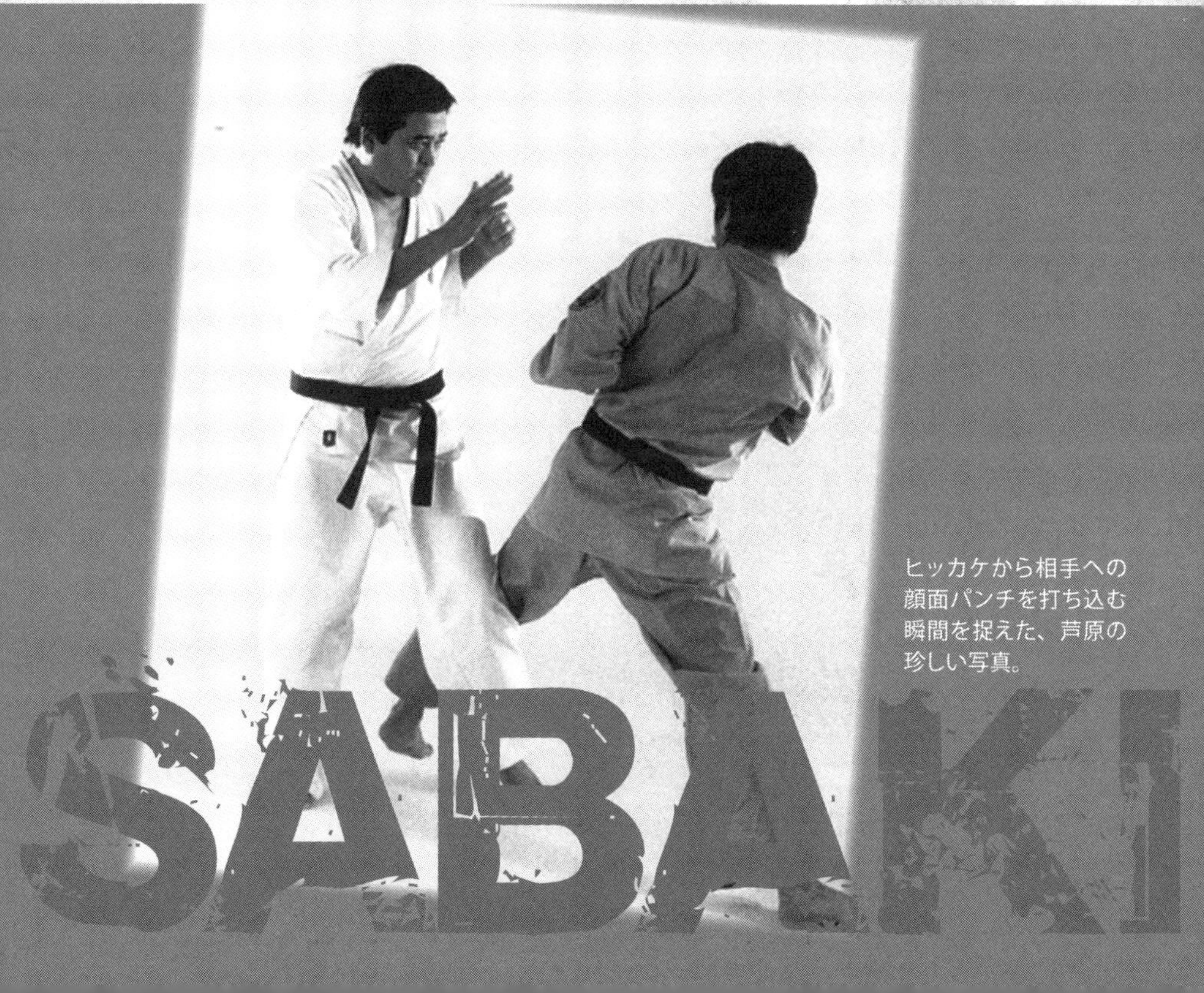

ヒッカケから相手への顔面パンチを打ち込む瞬間を捉えた、芦原の珍しい写真。

空前の芦原人気

芦原英幸を有名にしたのは、劇画『空手バカ一代』（原作：梶原一騎、作画：影丸穣也）であった。この作品は、今ではもう古典と言っていい作品であるが、当時は多くの若者に影響を与えた作品として知られる。現在でも文庫本で入手は可能である。

ちょうど映画ではブルース・リーの「燃えよドラゴン」が流行った時期と重なり、当時は一大格闘技ブームが巻き起こった時代であった。後の日本の格闘技ブームの先駆けとなり、漫画メディアとリアルの格闘技がリンクした、当時としては珍しいケースであった。

そしてその時代の洗礼を受けた者達が、後の格闘技界を牽引していったと言ってもいいだろう。あのＵＷＦで時の人となった前田日明なども、芦原に憧れを抱いた一人であった。プロレスに入門する以前の前田は、当時の空手の師匠であった田中正悟と共に大阪で芦原に会いに行っており、芦原と共に撮った写真なども現存している。

さらに新極真の緑健児や長嶋一茂なども、芦原に憧れを抱いた人々であった。長嶋一茂は、一時期ではあるが芦原会館の道場に通ってきていたことがある。芦原は、「一茂君は、野球より格闘技に向いているよ。本気で空手をやったら日本チャンピオンになれるよ」とベタぼめしていたことがあった。その野生的な勘の良さは、父親である長嶋茂雄譲りのものがあったのかもしれない。

なにはともあれ、『空手バカ一代』に掲載された時の芦原人気はすごいものがあった。特に影丸が描く芦原の動きは、実際の芦原の動きをうまく捉えていた。というのも影丸は、芦原のサバキの動きなどを写真に収め、それを元に劇画を描いていたからである。芦原の「流水の動き」というのも単に想像で描いたものにあらず、影丸は自分の目で見、さらに何枚もの写真を撮影し、それを資料にして描いていたのである。芦原は、影丸が自分の動きをうまく表現してくれていると大いに喜んでいた。

もちろん、芦原があちこちで引き起こすケンカのシーンに関しても、芦原から聞いた話を参考にして描いていたのである。芦原のケンカテクニックは、相手の虚を突き、間合いを外すテクニックであったということができる。相手のペースに巻き込まれることなく、自分のペースで戦うということが戦術の一つでもあった。

さらにケンカの時に大切なのは、力を抜くということである。「芦原は、ケンカになると全身の力を抜いていた」と言ったのは、梶原の弟で極真会館で指導員を務めた真樹日佐夫である。よく見るケンカの場面では、相手の胸ぐらを掴んで両足を突っ張っている者がいる。この場合、腰の回転がないからいいパンチは打てない。つまりヒザが伸びきっている状態は、自分の動きを制限してしまうことになる。そういう場合には、意識してヒザを少し曲げることで緊張を解くことができる。

また人間は、エキサイトしている時も動きが単調になりやすい。芦原は、ケンカの必勝法の基本として、力の入れ方、力の抜き方を知っており、さらにその場で物事を冷静に判断できるクールさ、さらに合理的な動きができなけれ

芦原のケンカ・エピソードを『空手バカ一代』の中で見事に描写した影丸氏のサイン・イラスト。

ば自分自身が傷つくことになると言う。〝冷静さがなく、その場の怒りにまかせてのケンカは、得てして不幸な結果を招くことになりかねない〟それが、数多くのケンカを経験してきた芦原のケンカ哲学である。

したがって芦原のケンカ術には、芦原なりの戦略が存在していた。芦原は、学生の頃、数学と美術の成績は良く、当時は板金工ではなく外国航路の船員になる憧れも抱いていた。そのためには、海図なども読めなくてはならないことから、数学はかなりできたのだと語っていた。芦原の空手理論が、極めて論理的な構成から成り立っているのは、そういうこととも関係しているのかもしれない。

芦原の注意深さと観察力

芦原自身は、ケンカの場合は相手の状況（相手が一人なのか複数なのか）、相手が凶器を持っているかどうか、もし持っていたらどう戦うか、もし自分が不利な場合に逃げ道はあるかなど、あらゆることを想定していた。特に喫茶店などに入る場合も、一時期は裏口をチェックしたり、入り口からは見えにくく、自分のほうからは入り口をはっきり見える場所に席を取るなどの注意を払っていた。

また芦原は、ジェットコースターなどの乗り物には決して乗ることがなかった。自分自身で危険回避ができないものに対しては、神経質なほど警戒するという一面も持ち合わせていたのである。嘘みたいな話だが、芦原は雷が異常に嫌いだった。「芦原は、カミナリが怖いんじゃけん。カミナリは人間にも落ちるいうけんな」と、これも自然災害という自分でコントロールできないものなのだが、あの芦原がカミナリを怖いとは……。私も最初に聞いた時は冗談で言っているのかと思ったくらいだった。ケンカ十段らしからぬ逸話で、嘘のようだが真実である。そんな芦原であるが、彼のケンカ術はきわめて考え抜かれたものである。

芦原のケンカ術は、はじめは必ず身を引くのが鉄則である。相手がケンカを売ってきても「まぁまぁ」と相手をなだめる。その間も芦原は、相手の特徴やクセを読み取る。相手が何かの格闘技やスポーツをやっているのかどうか。それは、相手の骨格構造や構えを見れば大凡のことはわかるようになる。

観察力は、常に重要である。そういった観察眼は、道場での稽古で意識して取り組むことで十分養うことができるものである。さらに言えば、最近では様々な武道、格闘技のＤＶＤなども容易に入手することができる。そうしたＤＶＤなどを見ても、こんなものかというように一度見て終わりという人が多いが、そういう人は観察力が乏しいのである。

私は、かつて芦原と一緒にボクシングのビデオを見たことがある。この時に芦原と見ていたのは、まだ有名になる前のマイク・タイソンの映像だった。芦原はその映像を見て「この選手は、チャンピオンになるけん」と予言をしたのだが、実際、のちに誰もが知っているとおりマイク・タイソンは世界チャンピオンになった。

これには、当時その話を聞いていた道場生の誰もが芦原の観察眼の凄さを語る。芦原は、最初の２、３分の攻防を見ただけで、その試合はどちらが勝つか正確に言い当てた。さらに相手のパンチのどこが優れているか、さらにインパクトの瞬間、フォロースルーの大切さをいちいちビデオを制止させながら指摘して教えてくれたのだった。当時の私は、よくもまぁそんなに見るポイントがわかるものだと感心したのだが、そういう見方がビデオやＤＶＤでもできるということが武才があるということなのだと感じた次第であった。

芦原はその昔、今で言うインターネットのようなもので全国の道場を繫ぎ、決まった時間に一斉に映像を配信して指導するという指導方法を何十年も前に考えていた。さしずめ最近の予備校などが衛星放送を使って指導する方法を想像してもらえば良いだろう。芦原は、常に空手という日本文化の明日を見据えていた。日本だけではなく、海外にも輸出して恥ずかしくない、文化としての空手のあり方を考えていた。

芦原は、ケンカでもそれ以外のことであっても、「負けるもんか！」という気持ちが大切だと教えた。人に負けたくないとか、人よりも強くなりたいという「闘争本能」こそが、一番必要なものだと指導した。たかがケンカ、されどケンカなのである。芦原の空手が〝ストリートファイト空手〟と呼ばれ、他の空手と一線を画すのは、それが芦原の生死をかけた実戦から生まれたものであるからに他ならない。いいかえれば芦原の空手は、実戦に通用する合理的な空手を目指してきた結果生まれたものだと言うことができるだろう。

海外の特殊部隊の隊員たちが、芦原の技術に注目するのは、そのあらゆる場面、状況に対処できる実戦性の高さにあるのだ。相手の視覚を奪ったり、相手の髪の毛を掴むなどという技術は、そういった実戦性を伺わせる一部の技術にしかすぎない。芦原の技術は、四国での「道場破り」、さらに自分の道場を立てて以後の「道場破り撃退法」でも、さらなる進化を遂げる。

軽トラの窓越しでも躊躇なく打ち込まれる芦原師範のハイキック。この正確無比な華麗な技をあえて道場破りで使うことで、新たなる空手＝極真空手のイメージを現地に植え付けていった。

芦原流〝道場破り〟の極意

まだ芦原が自分の道場を構える前、芦原は数多くの「道場破り」を実行していた。芦原の自伝などでは、そのあたりのことはあまり詳しくは書かれていないが、当時八幡浜界隈に道場として看板を上げている所には頻繁に道場破りを決行している。

もっとも、まだまだ世間的には〝空手〟というと、柔道の正義に対して空手は悪というイメージがあった時期でもあり、空手の道場はまだそれほど多くはなかった。むしろ柔道のほうが道場の数は多かったくらいである。のちにこの「空手＝悪」というイメージを「空手＝正義」のイメージに変えたのは、作家梶原一騎の大きな功績の一つであったと言っていいだろう。芦原の道場破りには、一つのやり方があった。

芦原は、目ぼしい道場を見つけるとたいてい道場破りに一人で行った。道場に入っていって芦原は、空手をまったく知らない素人の振りをするのである。「ほう、これが空手っていうんですか？」とか「すごいなぁ、ボクもやってみたいなぁ」とか声に出していうのだ。そうするとその道場の連中が、道着と帯を貸してくれる。もちろん誰かが使って、そのまま道場におきっぱなしになっていた道着と白帯だ。芦原によれば、洗濯したきれいな道着を借りた覚えは皆無だったそうだ。なにせ相手は、へんな道場見学者だと思っているわけで、そんな対応も当たり前といえば言えないこともなかった。

芦原はそのうえ、「道着の着方を教えてください」とか言って、素人のふりをし続ける。相手はだんだんと苛立ちを隠せなくなり、組手でもやって痛い目にあわせてやろうと考え始める。芦原にしてみれば、そんなことは百も承知であった。芦原は道着を着たところで、サンドバックでもあれば近づいていき、いきなりババーンと続けざまに蹴ってみせる。芦原がサンドバックを連続で蹴ると、サンドバックが宙に浮いたまま止まって見えた。もうそれを見た瞬間に道場主がしまったという顔をする。

それで「じゃぁ、ちょっと教えてもらおうか」と芦原がいうのだ。もう道場生はたくさんいても、そんなすごい蹴りを見せられたら誰も相手をしたがらない。しぶしぶ下の者が出されるのだが、芦原の回し蹴り一発で床に寝ることになる。そういう場合、道場主は「今日は調子が悪い」と言って相手をしない場合がほとんどだったという。中には勇敢にも芦原と対峙した道場主も何人かはいたが、芦原の敵ではなかった。芦原の速射砲のようなパンチと蹴りで簡単に床に沈み、次の日からその道場は閉鎖になった。

芦原は、極めて荒っぽい方法で、自分の空手を広めていった。それこそ裸一貫、負ければそれで全てが終わるという切羽詰まった中で、他流派の道場に挑戦し続けたのだった。当時、芦原はきれいに勝つことにこだわり、打ち抜くストレートパンチ、あるいはハイキックで相手を倒した。それは、きれいに勝つのでなければ噂にもならないし、道場生獲得に繋がらないと考えたからだった。

考えてみれば、道場破りにもストリートファイト同様、芦原流の合理的な戦略があったことになる。

最初から力んでいては、相手も警戒するが、下手《したて》、下手に出ると、相手も警戒を解いてしまう。その瞬間を芦原は逃さず攻撃を仕掛けるのである。

そんな芦原が、八幡浜道場を建てた日から今度は挑戦を受ける立場になった。芦原には、初めて建てた自分の城である道場を、どんなことがあっても死守するという思いがあった。これが後に松山の総本部を建てた時は、この時と比較にならないほど芦原のその気持ちは強いものがあった。そのため芦原の熱の入りようも半端ではないものだったが、その時のことについては、またいつかお話しする機会もあるだろう。

とにかく、この初めての自分の城を手に入れた芦原の覚悟には、並々ならぬものがあった。「もし一度でも負ければ、道場は潰れてしまう」という怖れがあったからである。さすがに劇画『空手バカ一代』で芦原の名前が広がると、挑戦してくる人間も減ったが、まだ八幡浜道場時代には極真という新興流派を潰そうという連中も多く、道場破りにやってくる連中も少なからずいたのである。

道場開設の当初は、芦原がすべての道場破りを相手にしたが、その力量はあまりに違いすぎた。当時は、まだ容赦なく相手を叩きのめしたため、道場破りに来た相手のために救急車を手配するということも起こった。芦原は、相手の顔面に容赦なく蹴りやパンチを叩き込んだ。何も知らなかった道場生の中には、芦原の怖ろしさ故に道場に来なくなった者も出た。それくらい芦原の怒りは大きかった。

道場破りに来る相手は、それなりに自信を持って来たのだろうが、芦原が困るような相手は一人もいなかった。芦原が、道場生によく言ったのは「中途半端にして帰したら、勝ったって言われるけんな」という言葉だった。そのため他の支部でも「道場破り」が来たら相手にそれなりの痛い目にあってもらうということが、暗黙の了解として伝えられた。実際、当時私が所属していた道場にもそういった人物が来たことがあったが、相手に誓約書を書かせ組手を行った。相手は、それなりにダメージを受けて帰っていった（現在では、誓約書を書いても相手に大きなダメージを与えた場合、相手から反対に訴えられる場合もある。そういう意味では、昔は今に比べておおらかな時代だったのかもしれない）。

「道場破り」を受ける我々としても、「もし相手に負けるようなことがあれば芦原先生の顔に泥を塗ることになるから、その場合は自分は腹を切る」と真剣に言っていた先輩もいた。幸いそれほど凄い道場破りに出会うこともなく、その先輩も腹を切るというような大事にいたることはなかった。時々、当時の道場生たちと話をするのだが、当時の道場生は皆、もし自分が道場破りに負けることがあったなら、自分がそれなりの責任を取ると考えていたようであった。

特に当時、道場破りを相手にしたことがある者に話を聞くと、その多くが「芦原先生の技術が、半端ではなく凄かった」というのである。当時より芦原の空手技術は、空手界の最先端を走っているといわれていたものであった。

恐怖の技「カカト蹴り」

芦原が、道場破りを撃退する時に使った技の一つが、のちに「カカト蹴り」と呼ばれる技術であった。この「カカト蹴り」から変化したのが、芦原カラテ独特の技の一つ「ヒッカケ」なのである。

「ヒッカケ」という技の元になった「カカト蹴り」は、相手が崩れた瞬間を狙いカカトを蹴り込む大

芦原英幸の「ヒッカケ」技法

相手の着地をヒッカケにより、ずらしたところのアップ（相手の着地点をコントロールする技）。

相手の左ローキックに対して（①～②）、ヒッカケから髪の毛を掴み崩して（③～④）右ヒザ蹴りを後頭部へ（⑤）。実戦では倒れたところをさらに蹴り抜く。

変危険な技である。タイミングが難しく、そのコツを掴むには繰り返し稽古が必要な技でもある。

この技はカカトの固い部分を使って蹴るため、まともに顔面に入れば顔面が陥没したり前歯が全部折れるほどの威力を持っている。その威力があまりに大きかったこともあり、芦原は一時期この技を封印したほどであった。「ストッピング」や「ヒッカケ」という技とのコンビネーションから「カカト蹴り」に繋げる技は、芦原が道場破りなどでも使った技であるが、相手が崩れかかった一瞬の隙を狙って蹴り込まれるために、蹴られたほうはまったく受け身がとれないという危険な技なのである。芦原が出版した最初の技術書には、この「カカト蹴り」の技が初めて掲載されたが、技術書ではそのあたりのことを隠して書いていた。

ここで紹介するのは、芦原が技術書には掲載しなかった「ヒッカケ」や「カカト蹴り」のコンビネーションである。この技は、スローなスピードで稽古することが大切であるし、受けを取る者はスーパーセーフの防具やプロテクターを付けて稽古しなければならない。それほどダメージを受ける技だからである。技術的には、サバキの様々な技から繋げることで多くのバリエーションを生むことが可能である。ここでは、芦原が実戦で多様したとされる技をいくつか紹介することにした。

この「ヒッカケ」という技は、芦原が八幡浜時代に完成させた技の一つである。一説では芦原が「ムエタイ」からヒントを得てできた技だというが、これはムエタイを研究するなかで思いついた技ではない。この技は、芦原がケンカでよく使っていた非常に危険な技の一つ「カカト蹴り」を受けに変化させた技である。また芦原は、「ヒッカケ」は「スピンキックの下段蹴りの変化形であると考えても良い」という趣旨の発言もしている。

この「ヒッカケ」には、いくつものバリエーションがあるのだが、基本は相手の左ローキックに対して行う技である。芦原以前にはこの技を使った空手家はおらず、芦原のオリジナル・テクニックの一つでもある。

カカト蹴りテクニック１

ここからはカカト蹴りの例になる。右インローキックから（①～②）、その勢いで左回転し、左カカト蹴りで相手の頭部を蹴る（③～④）。

ヒッカケのテクニック

相手の左ローキックに対してヒッカケ（①～②）、ヒッカケた左足を軸として右ローキックで引き倒し（③）、顔面にヒジ打ち下ろし（④）。

芦原ケンカ・テクニック

右ミドルに対して軸足への左足ストッピング（①）。崩れたところに右インローキック（②）、さらに頭部へ右ローキック（③～④）。相手がガードしたら踏み込んで蹴り抜く（⑤）。

カカト蹴りテクニック2

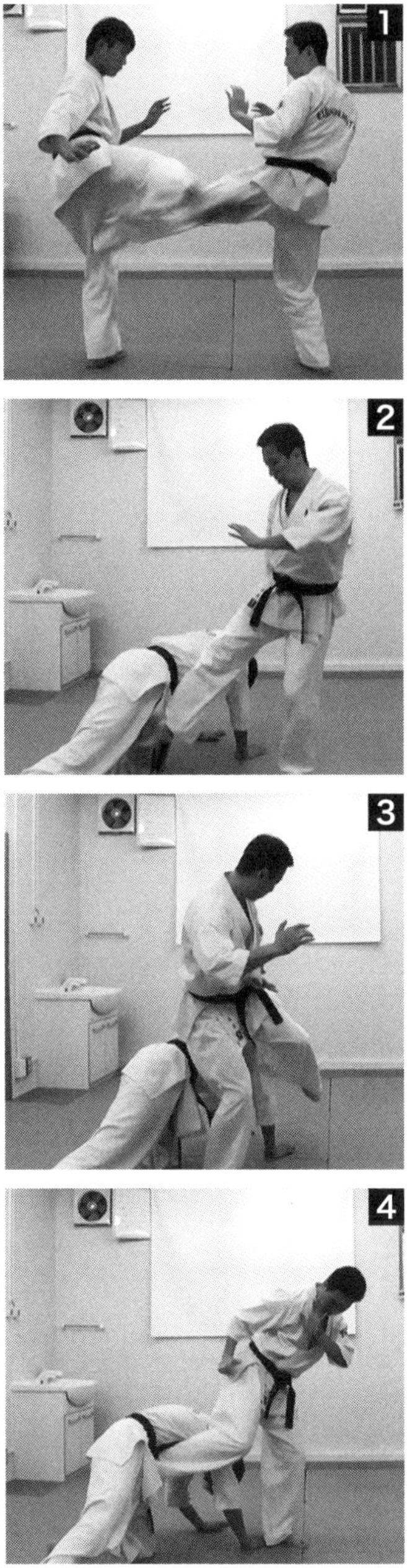

これは芦原師範が道場破りの相手に使った技。相手の右ミドルに対して軸足への左足ストッピング（①）。崩れたところへ右ローキック（②）。そのまま左回転しながら頭部へ左カカト蹴り、さらに腹部への右カカト蹴り（③～④）。

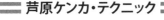

第9章

芦原流ケンカ術と対多人数サバキ

相手の攻撃を確実に“捌く”。そこにサバキの真髄がある。

カッティングキックの技術

前章で紹介した「ヒッカケ」の技術とほぼ同じ頃、技の一つとして考えられたのが「カッティングキック」と呼ばれる技である。芦原道場の指導では、比較的早い時期から導入され指導されてきた技である。芦原道場出身者では、極真の第10回全日本空手道選手権大会で優勝した二宮城光《じょうこう》などが、この技をよく使っていた。

この「カッティングキック」は、ローキックから派生した実戦技術であると言っていいだろう。芦原は、道場の組手でもよくこの技を使っていた。通常芦原は、相手の足首に外側から自分の足首を合わせ、引くように蹴る蹴り方を「カッティングキック」と呼んでいた。そのポイントは、腰の回転とともに蹴り足のヒザを軸足のヒザとこすり合わせるようにして、ヒザを支点として蹴るということである。この時、芦原は蹴り込むほうの手の掌底を使い、「カッティングキック」と同時に相手の顔面を叩いていた。

芦原のカッティングキックは、後述する、現在使われているものとは違っている。二宮と芦原の違いは、蹴りの軌道は先に述べたように同じであるが、二宮は鍛えられた筋肉で蹴り込み（現在フルコン系の試合で多用されている蹴り方）、芦原は足首を振り子のようにした、股関節の柔らかさ（脱力状態）で鋭く蹴っている。

よく知られる応用技としては「軸足蹴り」が有名である。芦原が日々の稽古で特に指導していた「カッティングキック」の応用技は数多くあるが、ここではその基本となる四つの「カッティングキック」の例を紹介しておく。

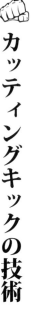

◎基本となる「カッティングキック」の使い方

①相手のハイキックに対する軸足蹴り。
②相手の蹴り足を蹴る。
③相手の両足が揃った瞬間を蹴る。
④相手が後回し蹴りを蹴る瞬間を蹴る。

①のハイキックに対する「カッティングキック」は、最近の試合などでもこの蹴りを使う選手は結構いる。ただ、よく見ていると踏み込みが足りない場合が多い。そのため、せっかくいいタイミングで蹴っているのに相手を倒せていないことが多い。

その蹴り方のタイミングについては、芦原の技術書『実戦！芦原カラテ』の106頁に写真と共に説明されている。相手の蹴りのスタートする瞬間を読み、その時にインステップを使って蹴るとうまく相手のバランスを崩して倒すことができる。同じく④の、相手が後回し蹴りを蹴ってくる場合も、相手が回転を始めた瞬間のインステップが大切といえる。

ここでは、通常あまり解説されていない②の蹴り足を蹴る技術、さらに他の流派ではあまり見ることがない③の両足が揃った時に蹴る技術について見てみることにしよう。

まず②の蹴り足を蹴る「カッティングキック」である。これは、通常の稽古では相手の蹴り足を受け崩し、相手のその足が着地する瞬間を狙い足首を蹴る技術である。この蹴りを使うタイミングは、相手の蹴りを受けた瞬間に自分の蹴り足がスタートすることである。

芦原は「受けてから蹴るのではなく、相手の蹴りが自分の手に触れた瞬間にはもう蹴っていなければ間に合わない」と指導していた。着地してから蹴っても意味がないのだ。相手の蹴り足が着地する瞬間に相手の蹴り足の足首を刈り上げる、つまり相手の足が空中にある間に、この蹴りを蹴られることで相手は大きなダメージを受ける。なお通常、稽古ではサポーターを付けて行わなければ、稽古を続けられなくなるので要注意。

次に紹介するのが、③の相手の両足が揃った瞬間を狙う「カッティングキック」である。相手の足が揃う瞬間というのは、大きく分けると二つある。一つは、オーソドックスな左足前の構えから、左足の蹴りを出すために右足を前に送って両足が揃った瞬間。もう一つは、中途半端なステップバックを行った時に瞬間的に両足が揃ってしまった時である。

この技を完全に使いこなすためには、どの瞬間に蹴るチャンスがあるのかを明確に理解していること。さらには、いつ相手がそういう瞬間になるのか動きを観察し、どのタイミングに蹴りを合わせるのが効果的かを身体で覚える稽古を重ねることである。
②の蹴り足を蹴る場合は、自分（受け手）で相手の蹴りを多少コントロールできるが、③の両足が揃った場合というのは、相手の動きを正確に読まなければならない分、②よりも難易度が高くなる。ただし稽古を重ねれば、おもしろいほど相手を崩せるようになる。
おそらくこの蹴りは、芦原がムエタイの蹴りを研究した結果生まれたものだと思う。さらに私がタイにムエタイ修行に行った当時は、こうした「カッティングキック」を使う選手はいなかった。実際に、

カッティングキック「揃った両足を蹴る」

このテクニックは、相手の動きを見極め、瞬時に反応できることが求められる、より高度な技術となる。

カッティングキック「蹴り足を蹴る」

コツとしては、②の受け崩した瞬間、既に蹴り動作に入っていること。相手の蹴り足が未だ空中にあるうちに、その蹴り足を蹴り払うことで、相手に大きなダメージを与えられる。

スパーリングでこの「カッティングキック」を使った軸足刈りは、ムエタイの選手にもおもしろいほどかかった。

最近ではムエタイで、この軸足刈りを使う選手がいることを考えれば、日本で発展した蹴りが逆輸入されて広まった可能性も考えられる。芦原のローキックの研究の凄さは、多くの芦原門下生が知る事実であるが、その種類の多さと技の緻密さには誰もが驚かされる。

多人数に対するサバキ

ケンカでは、常に一対一の戦いとは限らない。相手が何人もいるケースも少なからず起こるのである。芦原自身も初めて多人数を相手にした時は、無我夢中で倒していたという。芦原から聞いた話では、新宿で20人くらいの人間を相手にケンカしたのが、一番の大人数だったと語ったことがある。

その時もほとんど蹴りは使っていなかったと言う。実際ケンカで相手が大人数いる場合は、蹴りを一度失敗しただけで袋だたきにあってしまう危険性がある。まだサバキという技術を研究する以前の話である。芦原が、多人数を相手に捌くという技術を研究するのも、やはり四国で八幡浜に自分の道場を構えて以後のことになる。当時、芦原はどのようにして多人数のサバキを考えていったのだろうか？

芦原は、最初から試合で使う技という考え方はしていなかった。あくまでも実戦の場で使える空手ということを常に考えて研究していた。そして、その研究の成果が、映画「地上最強のカラテ」で披露された、３人を相手にしたサバキであった。この映画の時も芦原は、事前に打ち合わせなどせずに、芦原

芦原英幸の三人掛け公開映像

映画「地上最強のカラテ」で公開された芦原英幸師範による三人掛け演武。そこには、当時の芦原師範の工夫のほどが窺える。最初に正面の相手を制するが、段取りはなかった。

の相手をする道場生の立つ位置だけを決め、あとは好きなようにかかってこさせるというスタイルで撮影は行われた。つまり事前に、最初は誰がかかっていくかというようなことも決めずにやっていた。

この撮影では、いくつもの多人数サバキを披露し、その中からベストな動きができたものを選んで使われたものであった。今回ここに掲載したのは、「地上最強のカラテ」撮影中に撮影された貴重な写真である。時間にしてわずか8秒の動きであるが、そこには芦原によって考え抜かれた技術が見える。そこでは、3人の敵を相手にしたサバキを披露している。その細かなテクニックを分析しておこう。

まず芦原は、攻撃を仕掛けてくる一人目の動きを見切り、攻撃を受け流すと同時に相手のバック（背後）を取っている。これは、後に技術書にも掲載されることになる、相手のバックを取るサバキである。映画が公開されたのが1976年であるから、この時期には多人数に対してのサバキ技術もある程度完成していたと考えてよいだろう。その後、1979年に公開された映画「激突！格闘技四角いジャングル」では、その前年に完成した松山の新道場落成式で公開された、多人数サバキが収録されている。

この相手のバックを取るステップワークに関しては、芦原の最初の技術書『実戦！芦原カラテ』のステップの項目（38～39頁）で詳しく解説されている。敵の人数が多いほど、いかにステップワークを使い、相手の背後を取るかということが重要となる。

3人いる敵の一人のバックに回り込んだ地点で、すかさずヒザ蹴りを決めている。ヒザ蹴りを決めた後、その敵を左から来る敵にぶつける。それにより左から来る敵の攻撃を遅らせる。その間に右から来る敵を素早く処理し、最後に左から来る敵を処理している。

最後に芦原が出している蹴りは、一見すると後回し蹴りのように見えるが、実際には横蹴りである。

蹴った足を引き、身体を回転させて構えに戻っている。これは、実際にやってみればわかるのだが、基本の横蹴りが正確にできていないと難しい動きである。

芦原自身の動きを理解するためには、芦原がどういうサバキを行ったかを自分自身で再現してみればよくわかる。芦原は、多人数を捌く場合のモデルケースを技術書では『実戦！芦原カラテ』で1件、『実戦！芦原カラテ2』で2件の計3件が公開されている。映像では、さきほど紹介した映画「地上最強のカラテ」「激突！格闘技四角いジャングル」に、「最強最後のカラテ」でその動きを見ることができる。

さらに「地上最強のカラテ2」では、非常に短い時間だが、芦原の手裏剣打ちの映像が収められている。どんなに短い映像であっても、実際の動きで残っているものは、写真だけよりもわかりやすい。かつて芦原は、映像を見て技術を分析することの重要性を語っていたし、自分自身でも様々な映像を見て、あらゆるジャンルの武道や格闘技の研究を行っていた。芦原は、映像からでも学べることは数多くあるし、またそれに気づかないようでは武道家の素質がないと語っていた。

芦原は、八幡浜道場が完成して以後に、道場で多人数の敵を相手にどう対処するかという研究を行っている。当時、芦原がどのような稽古を行っていたのかについては、『ケンカ十段と呼ばれた男　芦原英幸』（日貿出版社）の中に詳しく書いているので、興味のある方はそちらを参照していただければと思う。芦原は、最初は1対2という形で自由にサバキをやってみて、その後に3人、4人と人数を増やすことで多くの敵に瞬時に対処する技術を磨いていった。

多人数を相手に闘う術理の存在

昔から多人数を相手に闘って勝ったという武勇伝を語る者は多いが、そのほとんどが作り話だと考えていいだろう。なぜなら、一度に多くの敵に囲まれた状況から脱出することは、極めて難しいからである。私自身も20名以上の人間を相手に闘ったことがあるが、前後左右を敵に囲まれ、さらに相手が凶器を所持した状況では、テレビや映画のようには行かなかった。

自分の身体をどのように動かすかということの他に、闘っている場所や相手の凶器の有無、敵の数や配置、退路が存在するかどうかなど一瞬の間に判断すべきことは数多くある。そうした状況判断をしたうえで、できることならその場で争うことなく脱出できることが賢明なのではないかと考える。

私は今までに、海外も含め、いろんな格闘技や武術に出会ってきたが、多人数を相手にすることを想定しての武道、格闘技はそれほど多くない。それに反して、軍や特殊部隊の人間で、一度に多くの敵と遭遇した場合に、どうそのリスクを回避するかを指導している所は多い。日本の昔からの武道でいえば、大東流合気柔術や合気道の中には、こうした多人数を相手に闘うということを想定して考えられたものがある。その中でも映像などで多人数を相手に闘う技術を披露しているのが、養神館合気道の塩田剛三である。

塩田は、多人数を相手とした体捌きの動きを映像として多く残している。そしてその動きは円運動であり、それがより立体的な動きとなれば球体の動きとなっている。塩田の多人数を相手にしている多くの映像は、素人が見れば相手役を務める弟子たちが協力しているようにしか見えないだろう。もしあなたが、そういう見方しかできないとすれば、それはまだあなたの武道に対する見識が初心者レベルでしかないことを意味している。

塩田の動きは、相手の攻撃をかわし軽く触れているだけのように見える。しかし実際には、相手は「合気」の技術によりコントロールされている。瞬間の「合気」により力を抜かれ、反撃できない状態になっているからなのだ。相手に触れられるだけで力が抜かれてしまい、抵抗することもできずその場に倒されてしまう。そういう技が存在するのである。塩田の技は、そこまでのレベルに達していたと私は考えている。

相手に軽く触れるだけで相手を制する技術は、蹴り技を必要としない。これは、塩田の指導した養神館合気道の中に蹴り技がないことを意味するものではない。実は、数多く実戦を重ねてきた塩田は、相手を倒すのに蹴りも平気で使っていた。そう教えてくれたのは、養神館の二代目館長を務めた井上強一であった。

井上は、塩田の命令で警視庁武術師範を務めた人物である。警視庁では、婦人警察官から、警視庁機動隊より選抜された猛者たちまでを指導したことでも知られている。井上は、身長160センチに満たない小柄な身体であったが、その合気の術は凄まじく、2メートルを超す大男を瞬殺した。相手は柔道や空手の高段者であったが、井上の合気の前にはひとたまりもなかった。その井上の強さは警察関係者の間でも広まり、当時、愛媛の警察官たちに空手を指導していた芦原の耳にも届くことになる。そうした理由から、後に芦原は、お忍びで東京まで井上の演武を見学にいったことがある。

芦原英幸の多人数掛け

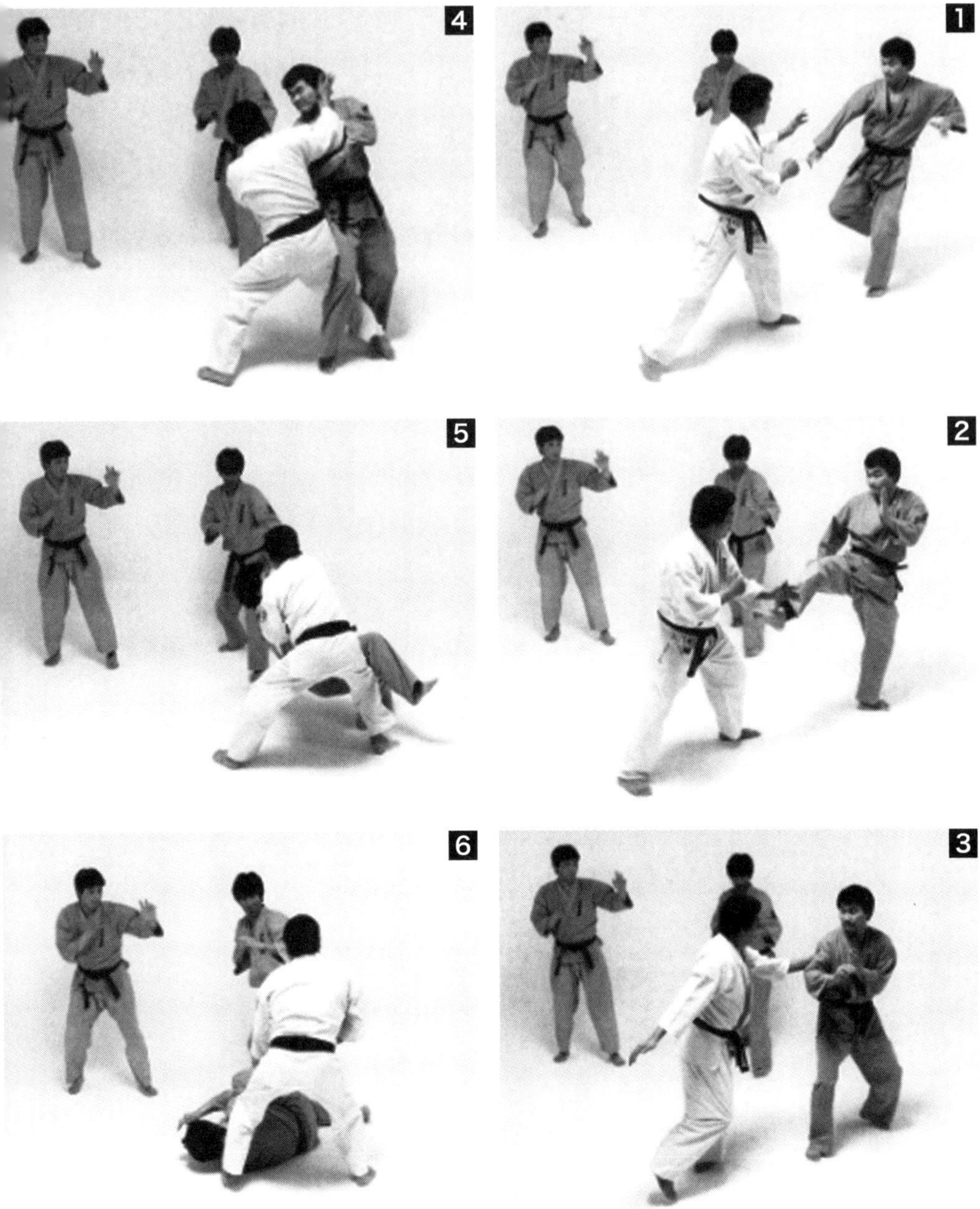

芦原師範による一連の多人数掛け。最初の相手の蹴り足をコントロールし、次の相手との間へ投げ落とすと、不安定な体勢で出された蹴り足を流してカウンターのミドルキック。最後のハイキックに対しては軸足へのストッピングでこれを制圧する。

7

8

9

10

11

12

芦原英幸の〝合気〟!?

私が、なぜこうしたことを書いているかというと、芦原が三十歳代の時に、明らかに養神館合気道を研究していたのではないかという状況に遭遇したからである。実はその時に受けた体験が、後に私をより深く「サバキ」を探求させる切っ掛けとなったのだ。

その当時、私は休みを利用して松山の芦原会館総本部に後輩をつれて稽古に訪れていた。朝から晩まで芦原の直伝稽古を受けるためだった。その日も朝のランニングから始まり、午後はずっと総本部二階での稽古だった。芦原は、毎日多忙で走り回っていたこともあり、仕事の合間を見ては三階の自宅から降りてきて指導をいくつかすると、また三階に帰っていくという感じだった。

その日は、午後からサンドバッグトレーニングだった。芦原の指導する内容に耳を傾け、それを理解したら後はひたすらサンドバッグを叩く、蹴る。サンドバッグを叩く音は、三階にある芦原の書斎まで聞こえる。したがって一瞬も気を抜けない。芦原が三階から降りてきて、稽古が終了したのは4時すぎだった。その後一旦、寮に戻り一休みして、また夜のクラスで稽古するのだが、私と後輩はいつも以上に疲労困憊《こんぱい》していた。そんな我々を見て芦原は、満足そうにニヤリと笑った。

いつもならそれで稽古は終わるはずなのだが、何を思ったか芦原は急に私に言った。「お前ちょっと構えてみろ」私は、組手でもやるのかと一瞬怯えた表情になった。芦原は笑いながら「何もせんけん、安心せいや」というなり、オーソドックスなクラウチングスタイルで構えた私の左足の甲に、芦原が自分の右足をのせた。正確には、足の甲を芦原の右足親指が押さえていた。芦原は「動けるか？　動いて

師・塩田剛三に勝るとも劣らない、合気の妙技を見せた日心館前館長、故・井上強一師範。

みろ」と言った。私は簡単に足を引き抜けると思ったのだが、芦原の親指がまるで杭のように私の足を動けなくしていた。と次の瞬間その力が大きくなり、私はその場にしゃがみこんでしまった。私は何が起こっているのかと頭が混乱していた。

「どうだ、動けんだろう」今度はそう言うと足をどけ、右手を軽く私の左肩に置いた。次の瞬間、私の身体から力が抜けた。そのままストーンと床に叩きつけられた。肩口を掴まれたわけではなく、ほんとに軽く手をのせられただけだった。床にぶざまにひっくり返った私に「芦原はこういうこともできるんだよ。掴むのだけがサバキじゃないけんな」、そう言い残すと笑いながら三階の書斎に戻っていった。

私は狐につままれたような気分になっていた。いっしょにいた後輩も何が起こったのか皆目見当がつかない様子だった。

後に、芦原は「多くの者が掴んで崩すことがサバキだと思いよるけん、相手に触れた瞬間に崩すこともできるけん、それもサバキなんよ」ということを言っている。多くの道場生は、「そんなことは、芦原館長しかできない技だ」と言った。さらに、そんな技を経験した道場生は他にはあまりいない。その言葉は、ずっと私の中に残った。

私は、後にそういう技を他にもできる先生なり達人がいるのかを全国を巡って探したのである。その結果、相手の足の甲を足の親指で押さえて動けなくするという技は、養神館の塩田が指導映像で残していることがわかった。さらに相手に触れた瞬間に相手を崩すという技術も、塩田が養神館にロバート・ケネディ司法長官（ケネディ大統領の実弟）が訪問した時に同行して来ていた巨漢のボディガードを相手に実演している映像が残されていたのが判明した。この事実については、ロバート・ケネディ自身が、その時の驚きを回顧録に記しているほどである。

それは、今までの運動理論では説明しがたいものであった。そして、それは私自身「サバキ」という技術の奥深さを感じた瞬間であった。その経験があったが故に、現在も「サバキ」の研究を続けているのである。芦原はよく「サバキとは力ではない」と言っていた。その意味するところは極めて深いのである。

私は、芦原の死後に養神館合気道、大東流合気柔術、沖縄唐手、意拳、形意拳などの研究に着手するようになっていくのである。そして、そうした研究を通じて、芦原という天才武道家の凄さを再認識しているのである。

第10章

芦原空手と「試し割り」の秘密

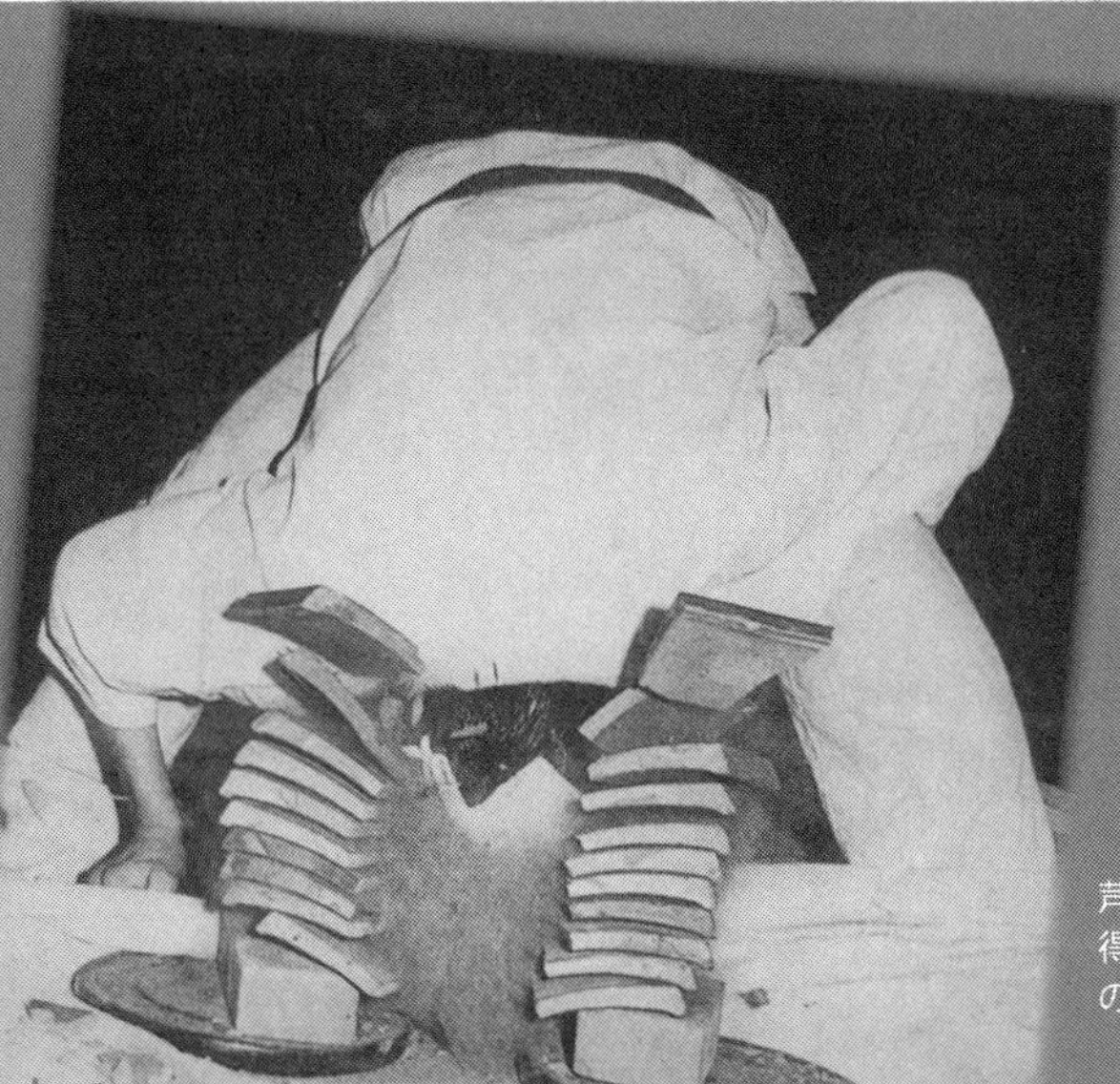

芦原師範が最も
得意とした頭で
の瓦割り演武。

SABAKI

「試し割り」とは何か？

「試し割り」とは、空手の威力を示す一つの方法である。同時にそれは、空手という武道をアピールするためのパフォーマンスでもある。空手の大会で披露される高段者の演武では、何枚も積み重ねた瓦、板、さらには何段にも積み上げられた氷柱を豪快に叩き割る光景を見て感動し、空手を始めた人も多いのではないだろうか？

強さを形で見せるという意味では、こうした「試し割り」はわかりやすい方法である。そうした「試し割り」の凄さを日本に大きく広めたのは、大山倍達が創始した国際空手道連盟極真会館と作家・梶原一騎がタッグを組んで製作した映画「地上最強のカラテ」の影響が大きい。それ以前にも空手を紹介した映画がないわけではないが、この「地上最強のカラテ」が白眉である。

それまで瓦や板を割るのが空手というイメージから、自然石、ビール瓶、バット、氷柱など、あらゆるものを割って見せた。さらに鍛え上げた貫手《ぬきて》による「熱石突き」や「畳ぶち抜き」、真剣を素手で受け止める「極真真剣白刃取り」という派手な演武まで紹介され、見る者の度肝を抜いた。中でも大山の「ビール瓶《びん》斬り」の演武は、海外メディアにも紹介され大きな評判となった。この演武は、机に置かれた何の支えもないビール瓶を手刀で一閃するや、ビール瓶の上部だけが飛び、斬り口からは液体が吹き出るという演武であった。それは、大山の名を一躍世界に広め「ゴッドハンド」の異名を与えたと言われている。

世間では、「ビール瓶の手刀斬り」と言えば大山の十八番のように思われているが、大山以外にもこの演武を行ったものは何人かいる。なかでもよく知られているのが、国際空手道尚武会の藤本貞治だろう。しかし、現在「ビール瓶斬り」と言えば大山というイメージが世間では一般的に定着している。

サバキから見た「試し割り」

当時、極真会館に在籍していた芦原も数多くの「試し割り」をやっており、当時の写真も多く残っている。芦原は、「ビール瓶斬り」や「コーラ瓶斬り」を何度か弟子の前でも披露しているが、芦原会館になってからはそういった試し割りの類は、ビデオ撮影の時にやったくらいでほとんど行ってはいない。

実は、芦原が出した最初のビデオ「芦原空手スーパーテクニック捌き」では、芦原自身の「ビール瓶斬り」か「コーラ瓶斬り」を収録するという話が日商岩井との話のなかであったのだが、「あれ（ビール瓶斬りのこと）は、大山館長の十八番じゃけん、芦原がやると大山館長のマネをしよるといわれるけんな」ということで、急拠取りやめになったという実話がある。

このビデオでは、当時の高弟たちが試し割りを演じているものの、芦原が試し割りをやっている映像は一つしかない。さらにそれも現場で撮影を見ていた者にしかわからない。それは、十センチ以上あるセメントの蓋を足刀で真っ二つに割る映像なのである。この映像は、ビ

大山師範のビール瓶斬りが使われた映画「地上最強のカラテ」のジャケット。

デオが始まって約26分に収められている。道路の路肩の溝をフタするために使われるセメントの塊を、芦原の足がいとも簡単に粉砕している。

極真会館時代には、あらゆる「試し割り」を実演し、そのコツを弟子に指導してきた芦原であるが、芦原会館設立以後にはほとんど「試し割り」をやらなくなる。「芦原空手スーパーテクニック 捌き」のビデオでも、芦原が極真時代に得意としていた頭突きによる瓦割り、手刀による自然石割りなどは披露しなかった。なぜなら、芦原はこのビデオと技術書（『実戦！芦原カラテ』講談社刊）によって従来の極真色を打ち消し、芦原独自のカラテを打ち出そうとしていたからに他ならない。それは芦原空手＝サバキを広く認知してもらうための戦略でもあった。

芦原カラテはパンチも蹴りも、従来の空手とは全く違うものだった。それを示すために、ビデオでは今までとは違う「試し割り」を行った。つまり従来の試し割りのように居着かず、常に動く状態を想定して行っている。ヒジ打ちも芦原が実戦でよく使っていた、角度をつけてロングの間合いから行わせている。また、ブロック（セメント塊）を紐で引き上げて粉砕するシーンは、紐は相手の腕とみなして引き上げ、頭を蹴りこんでいることを想定しての試し割りである。このテクニックは芦原が創始した実戦組手型1～5のフィニッシュに使われている。

次に、パワーアップの所で、これらの試し割りを行っている。この「パワーアップ」は筋力を鍛えて力で行っているのではなく、タメをしっかり作り、最大限に伸ばしたインパクトからフォロースルーにかけて腰を回転させることを心がけている。つまり、力に頼らず人間の機能を合理的に、最大限に使っているのが芦原の空手（サバキ）であることを表現していたのである。

「誰にでもできる試し割り」

極真会館時代の芦原は、数多くの「試し割り」を行ってきた。さらに芦原自身も巻藁や砂袋を叩き、蹴るというトレーニングを一時期毎日のように行っていた。しかし、自分の道場を構えた頃から、道場生には拳ダコを作らせない指導に変化していった。それ以後、「試し割り」の指導はほとんどやらなくなるのだが、それより以前に芦原が明かした「試し割りのコツ」がいくつかある。

芦原は当時から「試し割り」のコツやアイデアを大学ノートに書き留めており、のちにそのコツを道場生に指導した。そのノートには、写真や芦原自身が描いた図などが収められていた。そのノートを元に芦原から指導を受けた「試し割り」の技術の一部を次に紹介したい。

芦原に言わせれば「試し割りなんか、コツさえ教えれば誰でもできる」ということになる。芦原自身は、「頭割り」「自然石割り」「氷柱割り」「吊し板割り」「ビール瓶斬り」「スイカ貫手割り」などを演武として行っていた。ここでは、芦原が得意としていた試し割りのコツ、さらにはトリックを使った試し割りについて語る。

誰にでもできる「ビール瓶斬り」

ここで、まず紹介するのは芦原に聞いた「ビール瓶斬り」のコツである。そのコツを公にしたのは、芦原が一番早かったのではないかと思う。さらにつけ加えれば、ビール瓶斬りにはトリックで行われるものがあり、そのネタを明かしたのも芦原だったと言われている。これは、マジックのネタをばらすようなもので当時はタブーであった。そのためビール瓶斬りを神秘の技のように言っていた人々からは、芦原は敵視されたという。

芦原自身は、自分の「ビール瓶斬り」を人前で見せることはほとんどなかったが、幸いなことに、私は芦原の「ビール瓶斬り」も「コーラ瓶斬り」も目撃している。その折にビール瓶のみならず、他の試し割りのコツやトリックについても聞いている。

芦原が「ビール瓶斬り」の演武を人前でやらなかったのは、それが大山の十八番であったことと、その演武自体が人から見ればトリックか本当か判断しにくいからという理由があった。芦原自身が、人前でやったのは、「瓦の頭割り」と「氷柱割り」が多かった。それは、だれが見ても誤魔化しようがないものであったからに他ならない。

映画の中では、「自然石割り」もやっているが、「あんなの誰でもできるけん」と言って、そのうちやらなくなった。実は、芦原が大山から疎まれることになる一つのきっかけが、「試し割り」のコツやトリックを暴露したからとも言われているが、その噂話の真偽のほどは不明である。ただ芦原は、口先だけでなく実際に自分でやってみせて証明するタイプであった。

「ビール瓶斬り」に必要な要素は三つある。

①力とその方向

②スピード

ビール瓶斬りの支えをする芦原師範。「ビール瓶斬り」と言うが、力学的にいうと大きな力がある一点に急に加わると、その物体の一番弱い部分に亀裂が入り折れるのだ。これは、手刀のかわりに丸い鉄球を同じ部分に当てても証明することができる。なお一般的には、ビール瓶の形状はビール瓶の口から胴体にかけてくびれがある瓶のほうが割りやすいという噂があるが、コツをマスターできれば形状には関係なく割ることができる。ただ、成功するには最低でも手刀で煉瓦を二個重ねて割ることができる力が必要であると言われる。

③タイミング

この三つの要素のどれが欠けても「ビール瓶斬り」はうまくいかない。

時に、手の当たる部位を固いものにぶつけて手そのものを凶器化する方法もあるが、芦原は手を極端に鍛えることを否定していた。より相手に効かせるパンチを打ちたいなら、サンドバッグトレーニングのほうが有効であると考えていた。そのため、道場生には「拳ダコをつくる暇があるのなら、サンドバッグを叩け」というようになる。

手を頑強な武器に変えるためには、鉄柱を叩いたり、砂袋を叩いて鍛えるなどの部位鍛錬がある。大山の拳は、それそのものが凶器になるほどの凄さを秘めた拳であった。そして芦原自身も、極真会館時代には鍛え込んだ拳を持っていた。やがて否定するようになるのだが、芦原の拳は昔鍛えた拳ダコの名残があったのを私は鮮明に記憶している。

③のタイミングであるが、これはビール瓶に自分の手刀が当たるタイミングのことを指す。これは、手刀の根もと（腕）部分をバンテージで固めて行うとよい。このタイミングこそが、「ビール瓶斬り」の正否を左右する重要な要素である。この部分が、非常に微妙なものなのだ。

そのタイミングとは、瓶の口の部分に当たった時にビール瓶がひっかかり、上部に引き上げられるような感じで打たなくてはならない。このタイミングがずれた場合、瓶は横あるいは下方に飛ぶだけで割れることはない。この三つの要素が、うまくかみ合った時に「ビール瓶斬り」は成功させることができる。

この「ビール瓶斬り」は、不可能というほどの試し割りではないが、極めて難易度は高い。しかし、トリックを使えばいとも簡単にできてしまう。芦原が、よく行われているトリックとして教えてくれた方法は、大きく分けて三つあった。

①ガラス等によって、ビール瓶に傷をつけておく方法。これは、近くだと傷が見える。さらに傷の付け方が浅いとうまく割れない。②映画の撮影用のビール瓶を使う方法。これは飴《あめ》でできたビール瓶なので、割った瞬間粉々になるので偽物というのがすぐにわかる。③ガスバーナーを使った仕掛け。これは、ガスバーナーでビール瓶を熱して、それを水につけることで内部に亀裂を入れ、割れやすくする方法。うまく亀裂を入れるためには、亀裂が入ってほしくない部分には、濡れたティッシュペーパーを巻いておく。すると瓶の内側にきれいな亀裂を入れることができる。

ただし、指でコツンと瓶の頭を弾いただけでも折れてしまう。そのためビール瓶を置いた机には、誰も近づかないようにしておく必要がある。ある武道家の「ビール瓶斬り」の撮影では、弟子が机の端にぶつかったため、その振動でビール瓶の頭がコロリと折れてしまいトリックがばれ、撮影そのものが中止になったという事件もあった。

さらには、こうしたトリックを仕込んでいても、手刀で打つビール瓶の部位を間違ったために手に重傷を負い、大手術をした有名な空手家を知っている。実は、トリックを仕込んでも、ガラスを使った試し割りはかなりの危険を伴う演武なのである。そういった事情から極真会館・芦原道場初期の頃には芦原も「ビール瓶斬り」を行っていたが、しばらくしてこの試し割りそのものを封印してしまった。

誰にでもできる「氷柱割り」

芦原が、「地上最強のカラテ」で初めて公開した「氷柱足刀割り」の演武は、分厚い氷を七段重ねたものを足刀の一撃で粉砕する演武であるが、当時は芦原以外でこの演武を行った人物を私は知らない。なぜならこの演武は、芦原自身がこの映画のために考えた新しい試みであったからでもあり、分厚い氷を下の七段目まで割り切るには、それ相応の力量を必要とするからである。芦原はこのために組んだ櫓《やぐら》の高さを、ちょうど足を踏み降ろした時に一番上の氷を踏み抜ける位の高さに組んでいる。それより高くても低くても、下まできれいに割ることはできないからである。

映画の画像を制止画で見てみると後の櫓を調整したあとが見て取れる。これは、手刀で氷を割る場合も同じことが言える。さらに手で割る場合には、ちょうど手刀を振り下ろした時の角度も問題になる。氷柱割りを失敗して腕を折るのは、この角度を間違えているケースが多い。さらに作りたての氷は強度

映画「地上最強のカラテ」における芦原師範の氷柱七段足刀割り

一見、無造作に見える試し割り演武だが、そこには力学に裏打ちされた巧妙な計算によるセッティングがなされている。

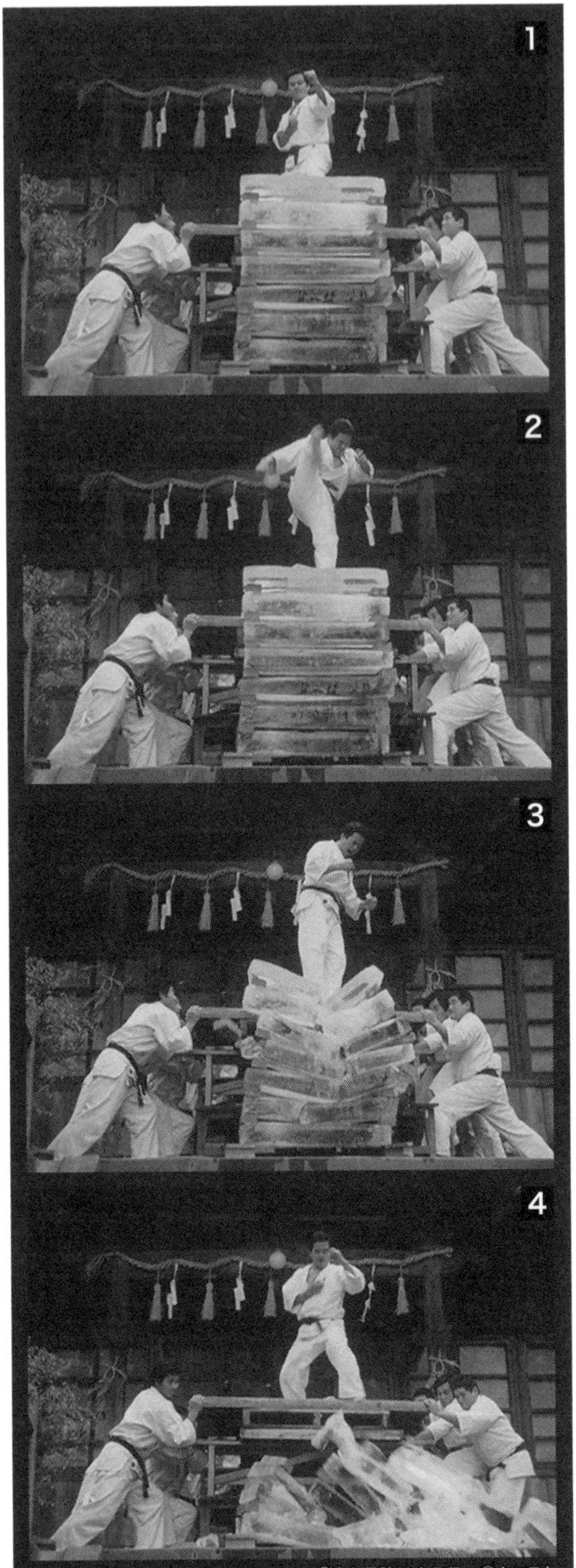

「地上最強のカラテ」©クエスト

が強く割るのが難しい。ある程度時間が経ち、割りやすい状態になった氷のほうが遥かにやりやすいのだ。

まずセッティングについての注意であるが、「試し割り」で使う氷は、氷の専門店でそれ用に切ってもらうのがよい。できれば、そういった演武用の氷を扱った店で切ってもらうのがよい。そういう店ならどういう氷柱に切り出せばいいかわかっているし、夏場、冬場での氷の溶け具合についても教えてくれる。参考までに言えば切り出した直後の氷は、かなりの有段者であっても割るのは難しい。この試し割り用の氷を作れる店は限られるため、事前にちゃんと調べておく必要がある。

専門店では、一本氷柱を「のべ一本」と呼ぶ。大きさは120×55×30センチくらいで、重さは130キロほどになる。通常は、この「のべ一本」から四本の試し割りの氷柱が取れる。120×27・5×15センチの氷板が四本取れる計算になる。現在この「のべ一本」で値段は、1万5千円くらいが相場である。氷専門店で切ってもらい、会場まで運搬してもらう必要があり、別途運送費がかかることも考えておかなければならない。そういう意味では、迫力ある氷柱割りもなかなかお金がかかるパフォーマンスだといえる。

芦原は、この氷割りをやる時には、氷がずれないようにすき間に割り箸を折って噛ました。氷に力が加わった時に、わずかなズレでも生じるときれいに割ることが難しい。そういう意味から芦原は、この氷のセッティングにはことのほか慎重であった。

次に角度であるが、振り下ろした手刀（腕）が、氷柱と水平にならなくてはならない。手刀を振り下ろした時に氷柱とは水平にならず、角度ができてしまっていると失敗を生む。これは、氷柱を割る瞬間に腰を落として打つため、自分の腰の高さが一番上の氷より低い位置になってしまうために起こる失敗である（氷と手刀の間に角度ができてしまっている）。手刀を振り下ろした時に氷と水平にならない場合は、足の下に台を置き演武者の立つ高さを高くしてやらねばならない。ちょうど片ヒザを曲げた時の腰の高さに一番上の氷柱がくるようにすればよい。

さらに氷柱を積んでいく場合、一段目はブロックを縦に置いて使うと氷が綺麗にVの字に割れた形を作ることができる。最初の一段目の氷がきれいに割れて、その衝撃が真下に伝達されれば、この試し割りはうまくいく。必要なのは、一段目の氷を割れる力と正確なセッティングにあると言っていいだろう。

これは、「瓦割り」などでも同じことが言える。「瓦割り」で使う瓦は、通常屋根に使う瓦ではない。演武用の瓦というのが、武道具店で売られており、それを使えば素人でも瓦の十枚くらいなら割ることができる。正しいフォームと力を伝えるポイントなどを間違わなければ難しいものではない。

誰にでもできる「自然石割り」

自然石を割る。普通に考えれば不可能なように思える試し割りであるが、この試し割りには、大きな秘密がある。実を言えば、これは石を手刀で割るのではなく、石の下においた金床（鍛冶や金属加工を行う際に用いる作業台）に石をぶつけることで、石が勝手に割れてくれるのである。

まず、選ぶ石は全長が25センチくらいの石が最良である。石の厚さは3センチまでのものが割りやすい。ある程度の力量があれば、石の厚さはさほど気にすることもないが、初めて挑戦する場合、石は薄いほうが良い。左手で石を持つ（下にはタオルを敷く）、ここが支点になる。石の中央部分を叩くのだが、ここが力点。この時、石の右端を少し金床から浮かす。ここが作用点となり、手で中央部分を叩くと石は金床にぶつかり割れるのである。

この試し割りを成功させる秘訣は、割りやすい石を見つけること。石の種類によっては、薄くても割れない頑丈な石もあるので注意が必要である。

誰にでもできる「吊し割り」

吊し割りは、試し割りの中では比較的難しいものである。芦原は、八幡浜道場時代にこの割り方を研究していた。この「吊し割り」では支えが不安定であるため、通常の脇を締めて正拳を打ち出す打ち方では、板を押す形になってしまいうまく割れない。これを成功させるには、野球のオーバースローでボールを投げるような感じで、上から板に向かって拳を打ち下ろす要領で打ち抜くのがコツである。これは人が持つかわりに、糸などで吊しても同じである。スピードが要求される試し割りである。

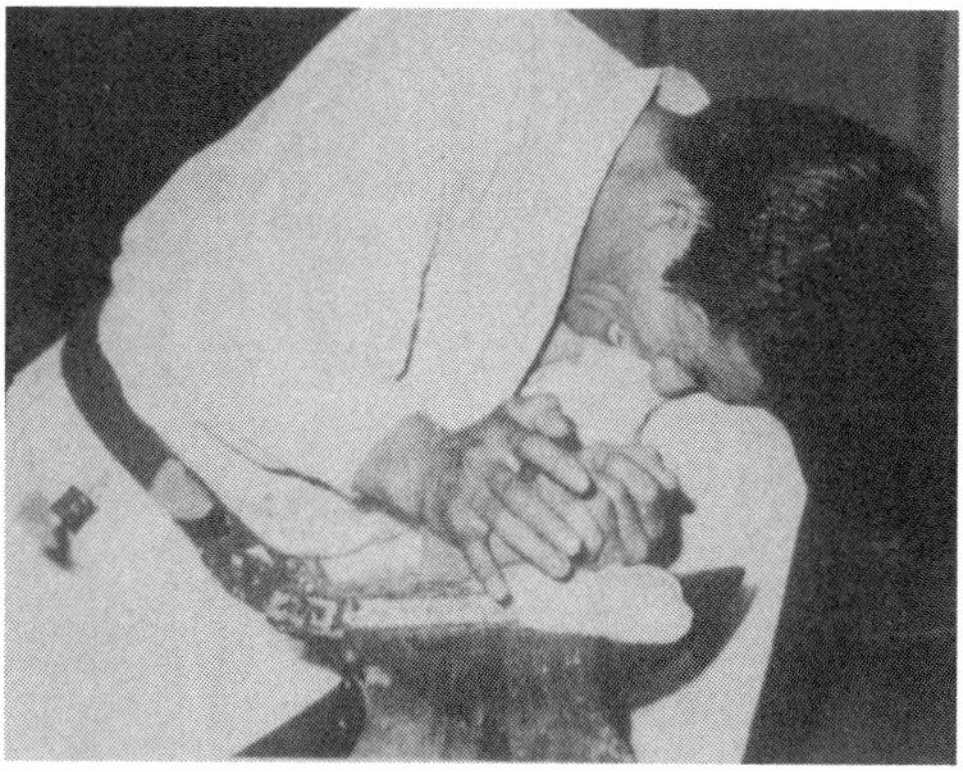

極真時代における、芦原師範による自然石割り（上）と吊し割り（下）の演武。

湯浅哲也支部長の演武

芦原の弟子の中でも、とりわけ「試し割り」をよくやり、うまかったのが、滋賀支部長の湯浅哲也であった。湯浅は、極真会館時代からの弟子で、現在も芦原直伝のサバキを追求している。写真は、ＴＶで紹介された、湯浅の「氷柱割り」である。湯浅は、緩む前のまだ割るのが難しいとされる氷柱を見事に割っている。現在、湯浅の道場には日本のみならず、海外からも指導を受けに多くの外国人が押し寄せている。

湯浅師範の氷柱割り演武（①〜②）。上は、オーストラリアで最も著名な空手家ビル・ウェイクフィールド（左。Bill Wakefield）らを指導する湯浅師範。

第11章

芦原英幸・最後の遺産「Aバトン」

Aバトン（右上。※）とハンドガード（初期バージョン）。後のAバトンでは、グリップに回転機能やガスが噴出する機能を付けたものも開発された。

※ このAバトンには、回転機能はなくアメリカのポリスバトンに近い。直径も、のちのAバトンよりかなり大きい。ハンドガードは、当初「ポイントアタッカー」と呼ばれ、車に閉じ込められた時に窓ガラスなどを割って脱出できる道具として考えられたものであった。どちらも現在芦原会館の別会社「ディフェンス（https://defence.theshop.jp/）」で売られているものとは形状なども違うことが写真で確認できる。

SABAKI

Aバトンの原点

Aバトンの原点は、沖縄唐手のトンファーにある。

沖縄唐手の武器術は、大きく分けて二つに分類することが可能である。一つは、棒やエークに代表される長い武具（エークというのは、ボートのオール状の武器を指す）。もう一つは、サイ、トンファー、ヌンチャク、鎌などに代表される短い武具である。芦原は、そうした様々な武器術を研究していた。私は、サイ、トンファー、ヌンチャク、鎌などを芦原が研究し、稽古しているのをこの目で見ている。なかでもトンファーに注目し、独自の改良を加えていき、そこに技術的な進化を加えたのは、芦原なりに警察機構や日本の治安になんらかの貢献ができるのではないかという思いからであった。

一般的に拳銃の使用に制限が多い日本では、〝警棒〟は警官の命を守る大切なものである。より丈夫で使いやすく、その使用方法を短期間で身につけることができるAバトンは、芦原のそうした思いの結晶と言えた。

その原点となるトンファーの起源は、「米の殻挽き」に用いる農耕用具の一つであったと言われている。それよりもっと昔ということになれば、中国における「拐《かい》」と呼ばれる武具から伝来したのだという説がある。ただし、「拐」は沖縄のトンファーよりも大きく、持てば腕全体が隠れるほどで、どちらかというと長い武具に分類されるものだった。大きなものは、ゆうに1メートルを超えており、この説を否定する者もいる。

ただし、中国の「拐」が、なんらかの形で沖縄に伝わったという可能性も高い。沖縄で現存するトンファーの形状は、流派により様々なものがある。そのなかでも「浜比嘉のトンファー」や「屋良小のトンファー」などが現在でもよく知られている。さらにこのトンファーが海外に伝わり、改良されて「ポリスバトン（Ｔバトン）」が生まれるのである。

トンファーからＡバトンへ

芦原がＡバトンを思いつくのは、極真会館を離れた後に海外視察をした時のことである。芦原は、海外の警察官がポリスバトンを有効活用しているのに感銘を受ける。

当時のポリスバトンは、サイズも大きく、また重量も重いものであった。もっと軽量で、日本人にとって扱いやすいものであれば、日本の警察や民間の警備会社、さらには自衛隊などでも採用されるのではないかと考えた。

こうして、海外で使用されているポリスバトンやその他、様々な武具や警棒などを研究して生まれたのが、芦原のバトン、通称「Ａバトン」である。

Ａバトンは基本、日本の警察官が相手をより簡単に制圧できることを一つの大きな目標として開発された。しかし芦原自身は、単なる制圧にとどまることなく、力がないひ弱な者でも大きな相手を倒すことができる武器としてＡバトンを設計したのである。この製作には、当時の総本部職員の里健志（現・心体育道「健心」代表）が大きく貢献した。

Ａバトンの製作当時、その開発に大きく貢献した元芦原会館総本部職員、里健志氏。すべての図面の製図を行った。

A-BATON（ASHIHARA BATON）の秘密

芦原は、その一生を空手一筋に捧げた人生であった。その最後の仕事が、〝このＡバトンが警察やその他の警備や警護の仕事に関わる組織に導入されること〟だった。

ここでは、芦原がその晩年に命を削りながら、後世のために残したＡバトンの独創性とその技術について解説する。

Ａバトンは現在、芦原会館の別会社エーテック株式会社のホームページ「特殊警棒のブランド ディフェンス」で販売されている（ホームページ上では、Ａバトンは「L型バトン」の名称で販売されている）。Ａバトンの材質はスチール、収縮時の長さ１６５ミリ、伸縮時の長さ５００ミリ、重量５１０グラムとなっている。同じサイトでは、練習用木製バトンも販売されており、こちらは材質が白樫で、全長５００ミリ、径28ミリとなっている。これは当初、芦原が開発した仕様とは異なっているものの、芦原の考えたＡバトンに限りなく近い製品と言ってよいだろう。

芦原の考えた技術は、今までのポリスバトンなどでは、想像もつかないほど優れた使用法が考えられたし、その使い方は芦原のサバキ技術ともリンクしている。

本章では、まずＡバトンの基本技術を紹介する。

フロント突き

フロントグリップ（バトンのグリップから短いほう）の先端で突き込む突き。脇をしぼり、ガードしながら脇とヒジを開放して突く。この突きは、ショート、ミドル、ロングの使い分けを行う。

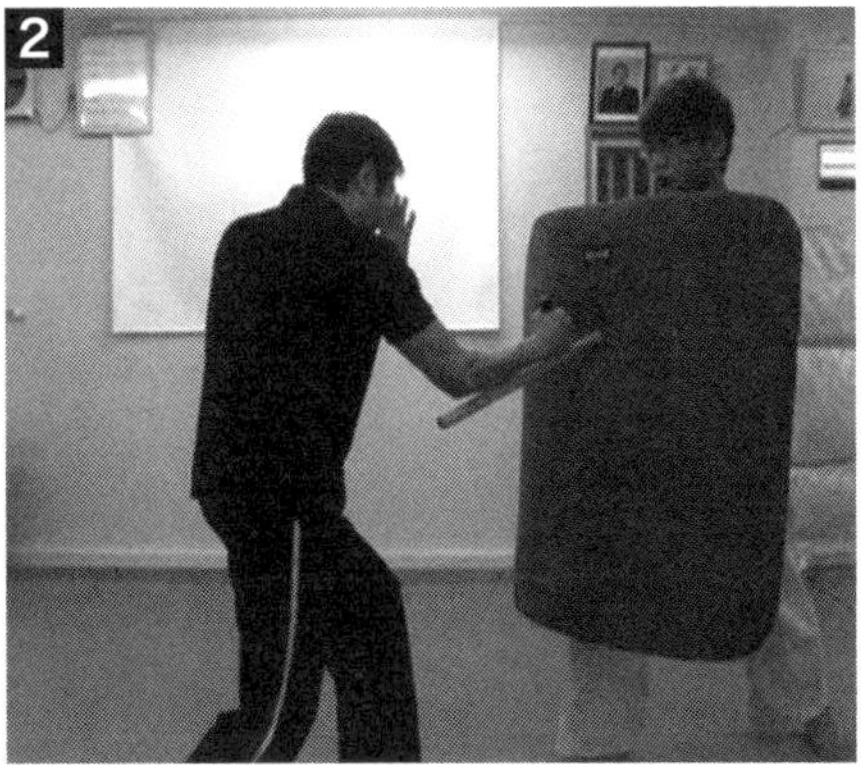

リアー中段突き

リアー（グリップから長いほうの先端）を相手へ向けて突く。特にロングにおいて有効な攻撃。

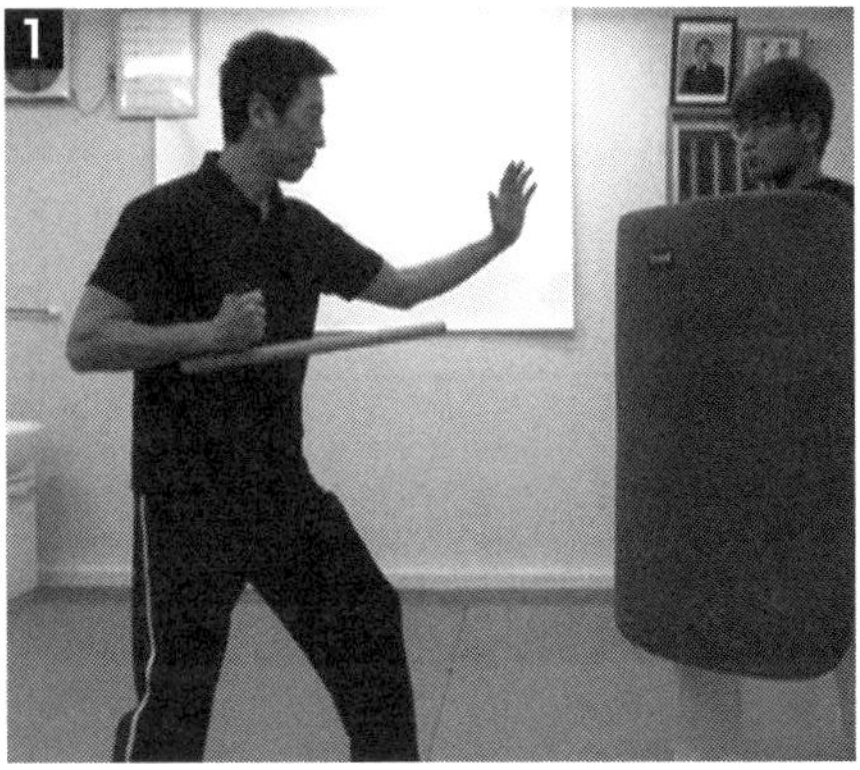

両手リアー突き

両手でバトンをコントロールして突く。ショートにおいて、より強力な突きとなる。

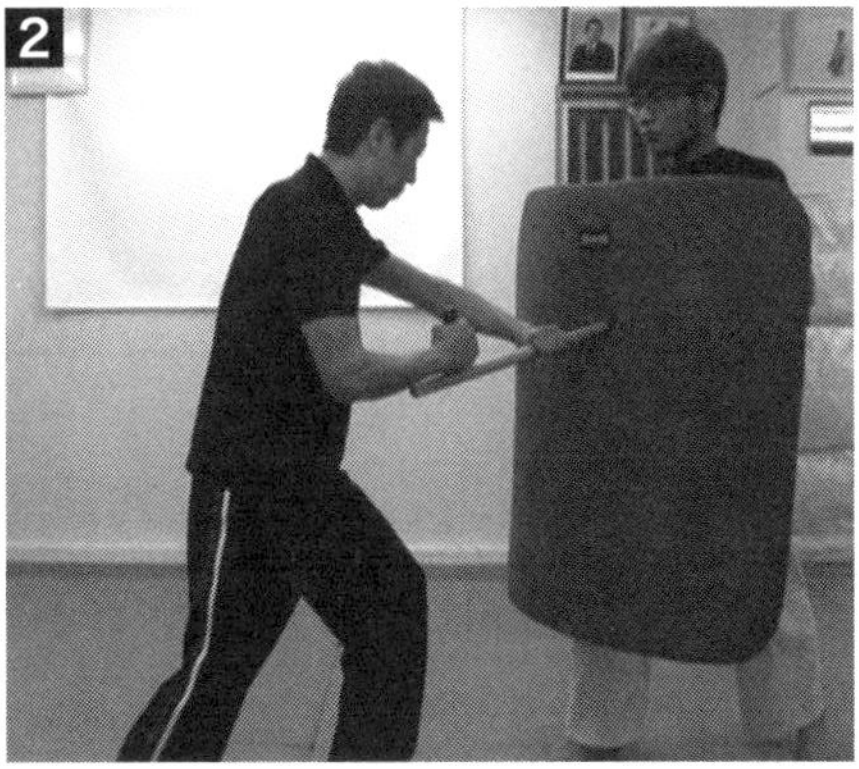

内廻し打ち

手首のスナップを効かせること。サイドから鋭い打撃を与えることができる。

手刀打ち

素手による手刀打ちと同じく、ヒジでリードすることが大切。ロングの間合にも対応できるのが利点。

背刀打ち

素手による背刀打ちと同じく、手首の返しとスナップを効かす。主にミドル〜ショートの間合で有効。

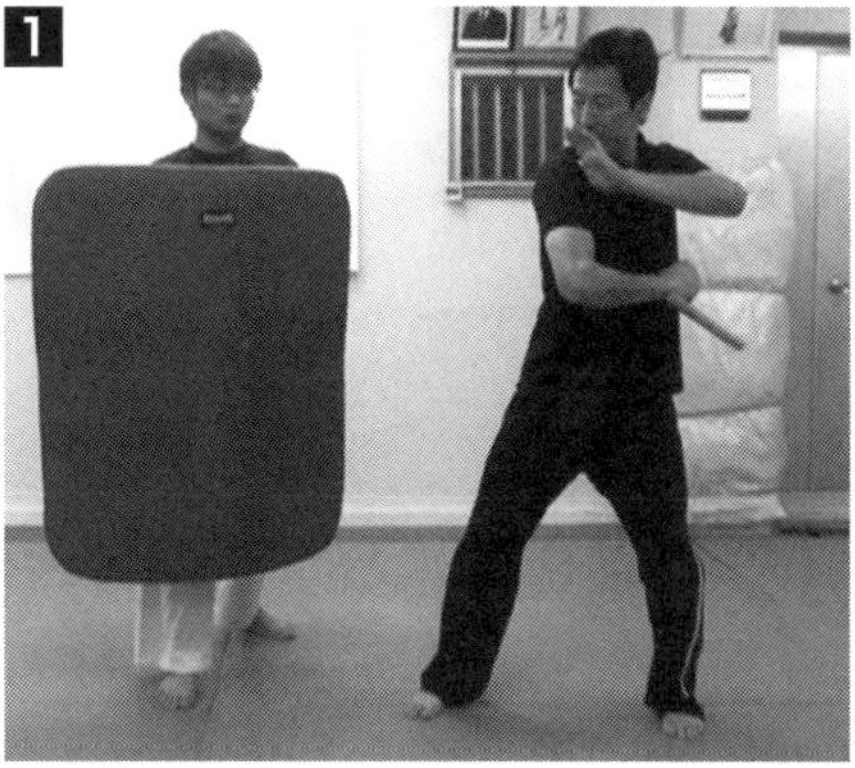

鉄槌打ち

手刀打ちと同じくヒジでリードする。鉄槌打ちはグリップに近い部分での打ちとなるので、特にショートの間合で威力を発揮する。

グリップヘッド打ち

グリップの突出した部分で打突する奇襲技。スナップを効かせて打つ。ショートの間合で有効。近接間合で相手のアゴを突き上げることも可能。

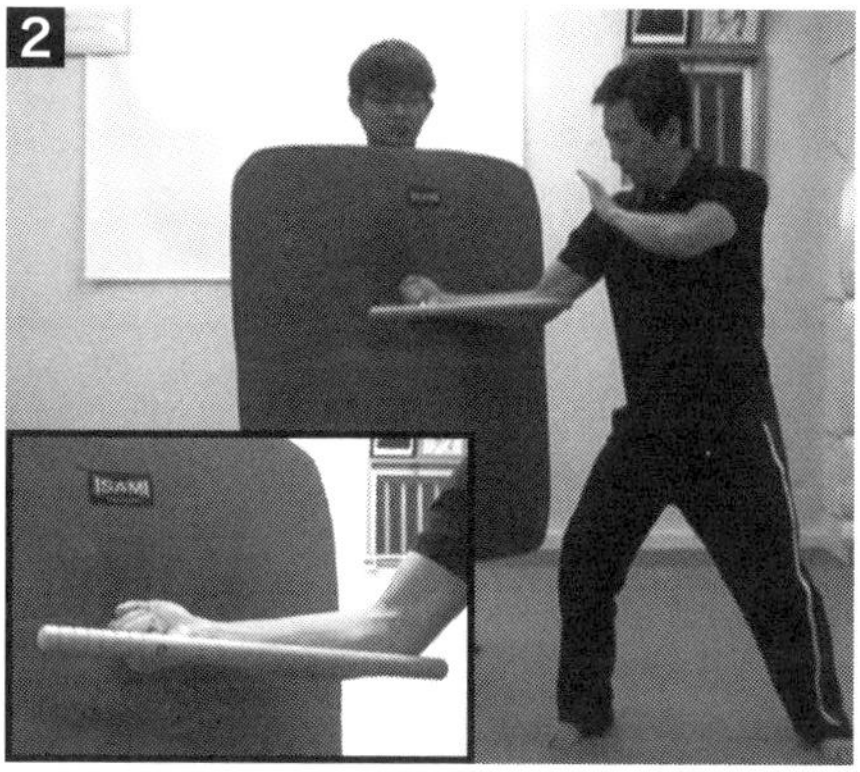

後へのリアー両手打ち

バトンを脇に軽く挟むようにして打つ。脇を十分にしぼること。

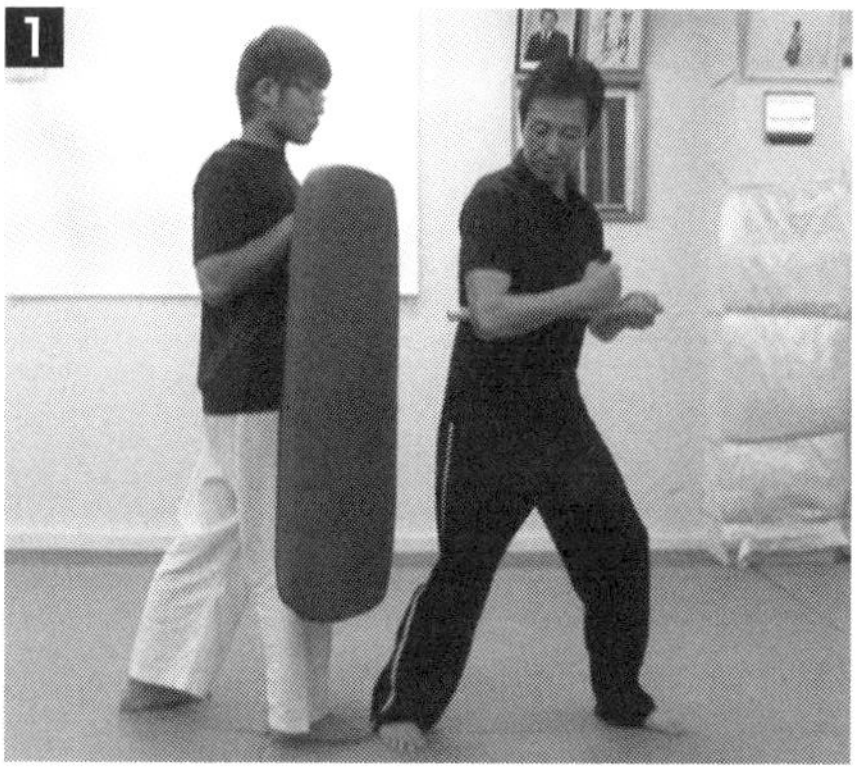

回転打ち（廻し打ち）

①～③力まず遠心力で廻すことが大切。④～⑦は正面からの写真。打った後は素早く④の姿勢へ。ヒジに当たらないようにグリップをしっかりと握る。

送り足からの回転打ち

一歩送り出しての回転打ち。前屈立ちになりバトンを振り切ることが大切。打った後には素早く足を引いて元の姿勢へ戻る（⑥〜⑦）。

下段払い

バトンを振り下ろしつつ下段払いを行う。相手の攻撃に対して行えば、一撃で戦闘不能に陥らせることも可能。手刀打ちによる下段払いもある。

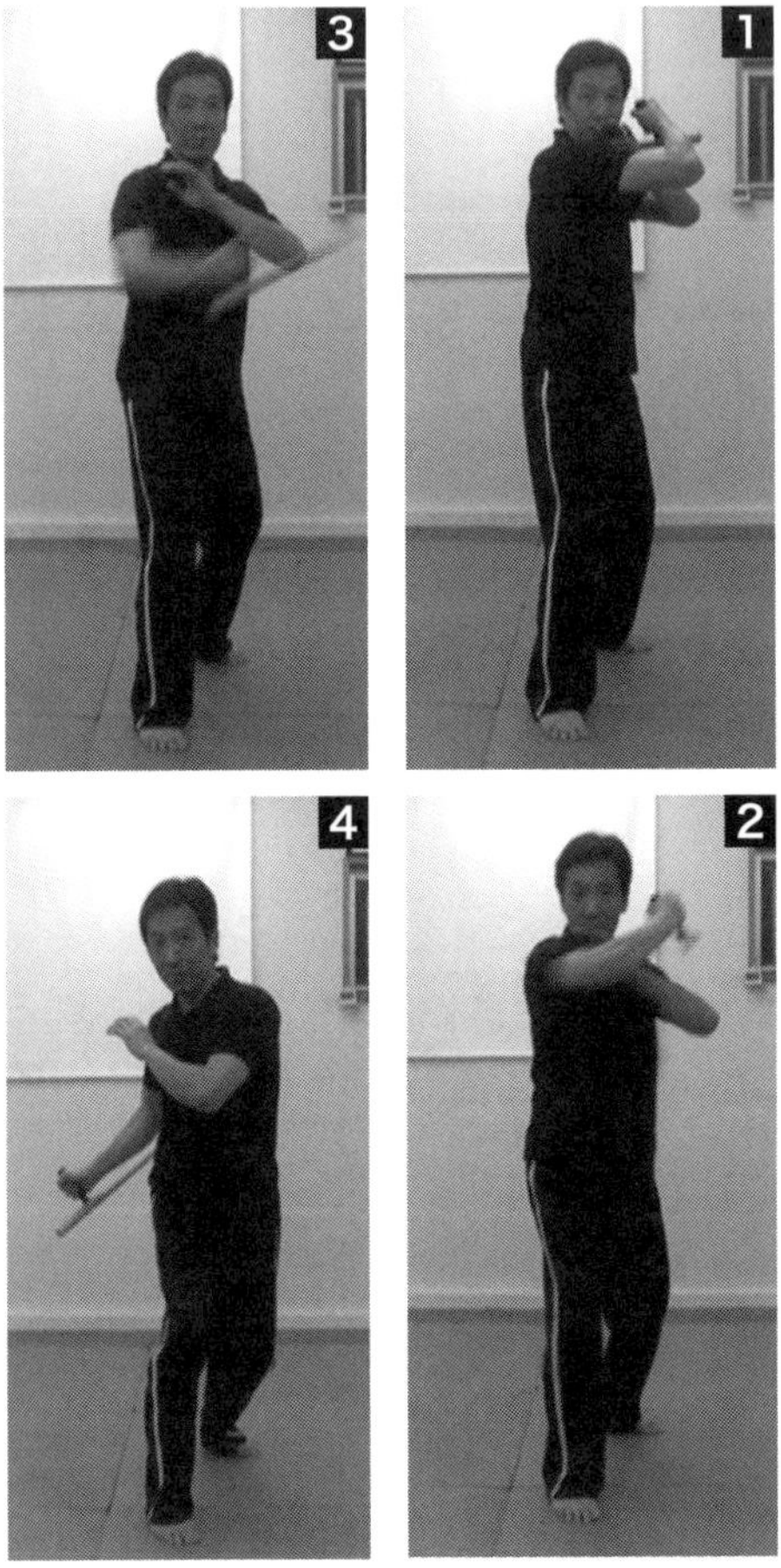

振り上げ 振り下ろし(サイド)

体の側方でバトンを振り上げ（①)、振り下ろす（②〜④)。単に攻撃だけでなく、相手の武器などを払い飛ばすなど、応用範囲は広い。

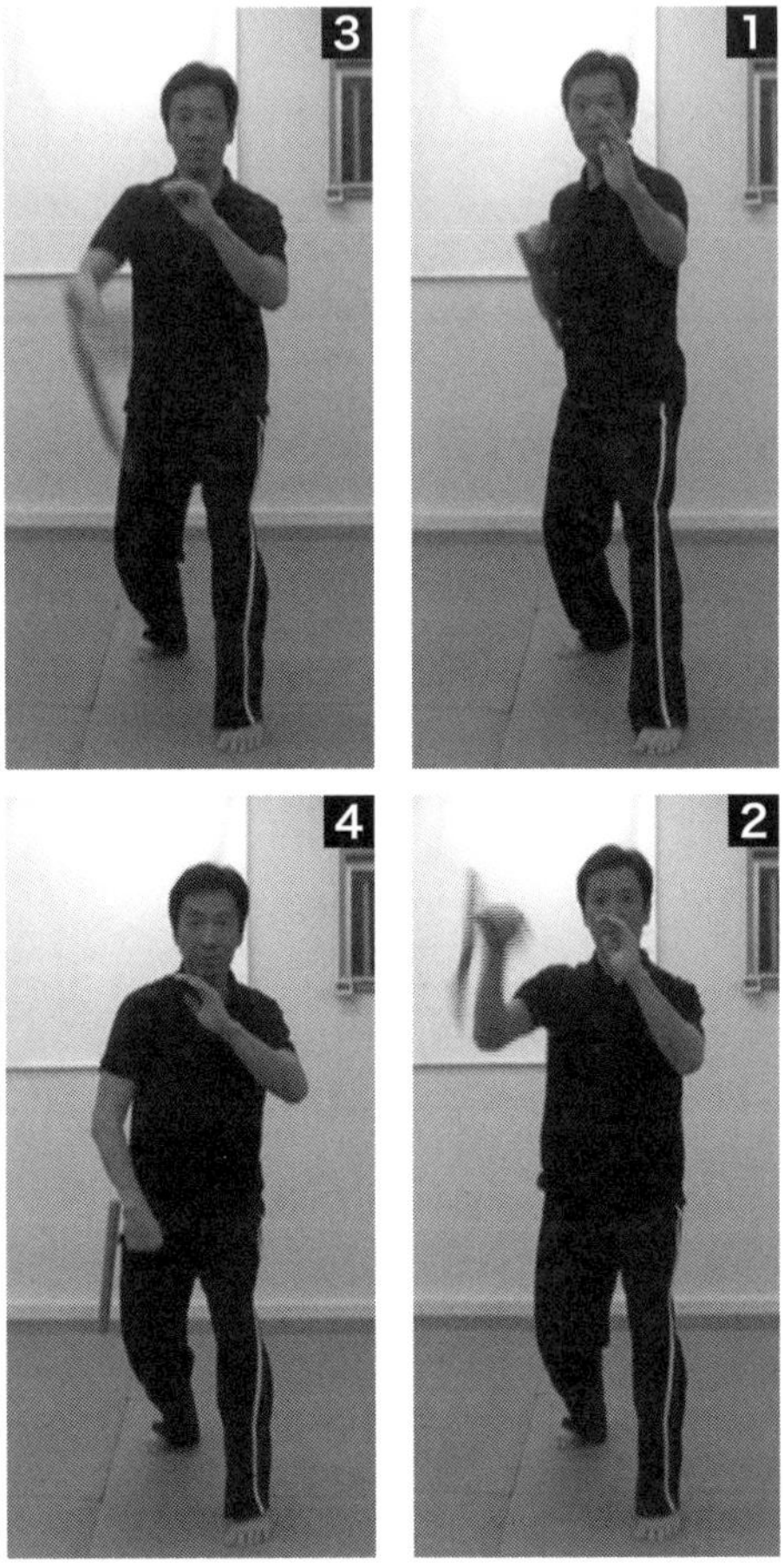

手刀両手上段受け（対人）

相手が武器などを振り下ろしてきた場合、バトンを支えるように両手で受け落とし、そのまま両手リアー突きを入れる。

剣道スタイルの受け(対人)

同じく武器に対して、①のようにフロントグリップを持って両手で攻撃を受け（②)、グリップの角でコントロールしつつ接近（③)。相手の腕にバトンを絡め、投げ落とす（④〜⑥)。

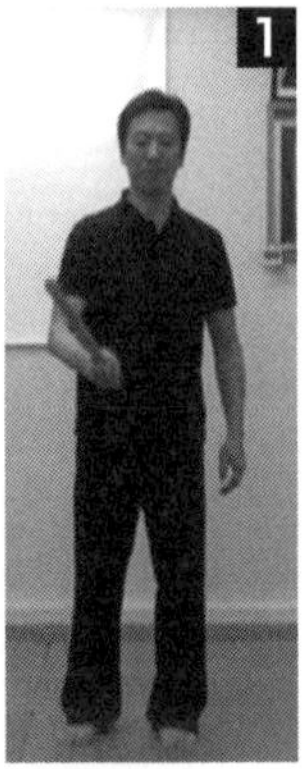

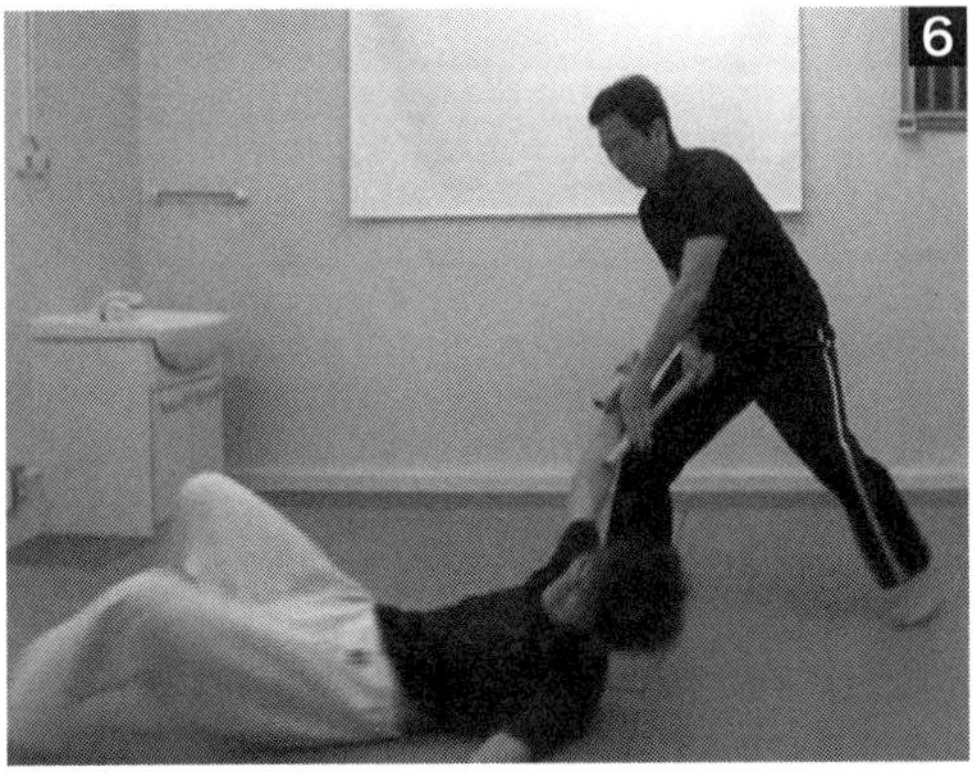

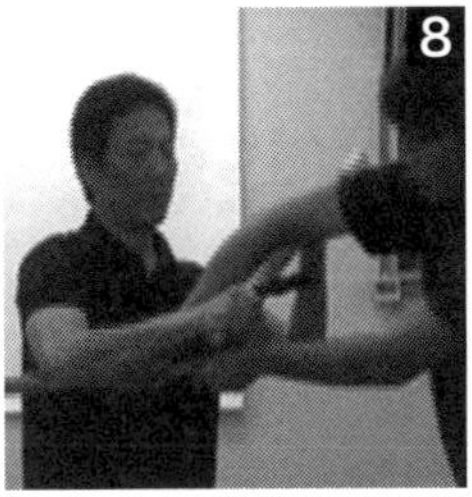

相手の腕にバトンを絡めて投げる場合は、バトンを腕と腕の間に差し入れ、テコの応用で投げる（⑦〜⑧)。

第12章

芦原英幸・Aバトンへ託した未来

Aバトンの使い手として知られる、芦原会館滋賀支部の内田真弘。

実戦！Ａバトン・テクニック

Ａバトンは、既に述べたように警察官や警備関係の会社での採用を考えて作られた特殊警棒であった。マニュアルビデオや警察官用のレジメも作成されたが、それは全くの素人でも数時間の訓練を行うことでＡバトンを一応使いこなせるレベルとなることを最大の目標としていた。

芦原が考えていた最終形のＡバトンは、芦原が創造したサバキの動きとＡバトンをどう融合させるかにあった。ここでの技術解説では、より実戦的なＡバトン技術に焦点を当てて紹介したい。

Ａバトンの原型となったトンファーは、沖縄唐手の中で独自の進化を遂げてきた。日本刀に対して、両手にトンファーを持って闘う映像などを見た人もいるだろう。それに対しＡバトンは、基本片手に一本だけ持って使用する。

多くの空手家のなかでもトンファーなどの武器は、現在では形骸化して実戦では使えないと考える人も多い。だが芦原は、Ａバトンというまったく新しいものを作り出したと言ってもよいだろう。芦原の元には、海外から特殊部隊のチームが指導を受けに来たりもしていた。芦原の考えた武器術のなかには、常人では到底考えつかない指導と技術がある。現在の芦原会館では、内田真弘（滋賀支部）が、Ａバトンの使い手として知られている。

このＡバトンを使えば、女性でも凶器を持った大男を瞬時に制圧することが可能となる。前章が基礎編で、本章がその応用編となるが、これは芦原の構築したＡバトン技術のごく一部にしかすぎない。相手が、ナイフや金属バットなどの凶器を持っていたとしても的確に相手を捕らえ、制圧することができる。それが、Aバトンである。
ここでは、芦原が指導した実戦的な技術の一部を紹介する。

〝特殊警棒〟としてのAバトン

日本において「特殊警棒」という呼び名は、ノーベル工業の登録商標である。一般的には「伸縮式警棒」、もしくは「伸縮式護身具」と呼ぶのが正しい。警察などの公的文書では、「特殊警戒用具」と表記する。そのため芦原も警察や自衛隊に見せるために作成したマニュアルビデオでは、最初に「特殊警戒用具」という表現を用いている。

アメリカでは、州によっては「トンファー型特殊警棒」が採用され、普通これを「ポリスバトン」と呼んでいる。日本の警察では、「警棒は、基本的には殺傷力の低い護身用具・捕具」と規定している。

アメリカにおいても、かつては棒状の警棒が主流であり、ナイフや拳銃を持った凶悪犯に対処しきれず警官が負傷するケースが多かった。しかし、ハンドルの付いたT字型のポリスバトンになってからは、そのようなケースは大幅に減少した。さらに女性警察官が、自分より大きな男性を制圧し逮捕するのも容易になった。

「テコの原理」を応用できるため、非力な女性でもそれまで以上に警棒を使い易くなったのである。特に自分より大きな相手を制圧する場合でもポリスバトンを使えば容易に制圧し、手錠をかけるまでスムーズに行うことができるのである。また、相手が凶器を持っていた場合も相手と距離を保ち、ポリスバトンの回転機能を使い遠心力でナイフを排除することも可能である。現在のアメリカでは、こうしたポリスバトンでも対応しきれない場合を想定し、テーザー銃（※）なども携帯している。アメリカでは、こうしたポリスバトンやテーザー銃の導入により捜査中に命を失ったり負傷する警察官が大幅に減少したことが統計によっても報告されている。

※テーザー銃とは、スタンガンの一種で通常のスタンガンとは異なり、電極が射出されて相手に刺さることで、本体から電流を流し相手を制圧する装備である。テーザー銃は、警察以外に許可証を持った法執行機関でも多用される傾向にある。

Ⓐ 相手がナイフを所持していた場合

①相手がナイフを所持しているのを認めた瞬間にAバトンを抜く（用意する）。
②相手のナイフに狙いを定め、Aバトンを振り落とす。この場合、リアー部分を使って叩く。
③相手がナイフを落としたら、すかさず相手の脇の下にバトンを通し、テコの応用で投げる。
④相手が地面に倒れたら、そのまま腕をロックし、腰の手錠をかける。

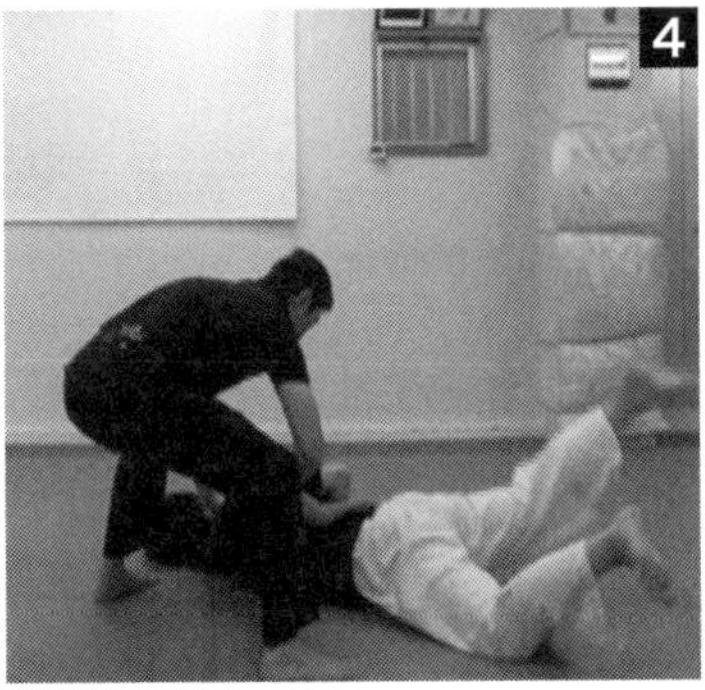

Ⓑ 相手が金属バットで襲ってきた場合

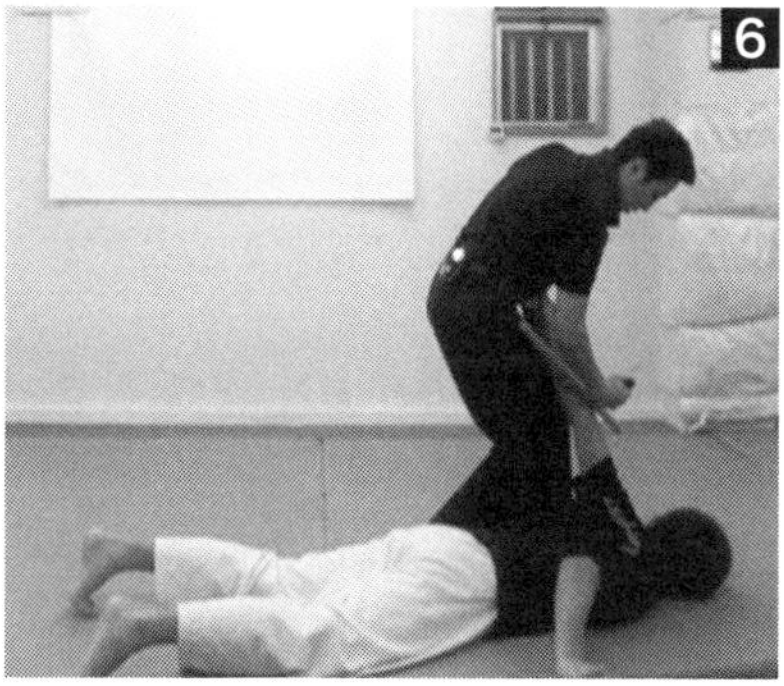

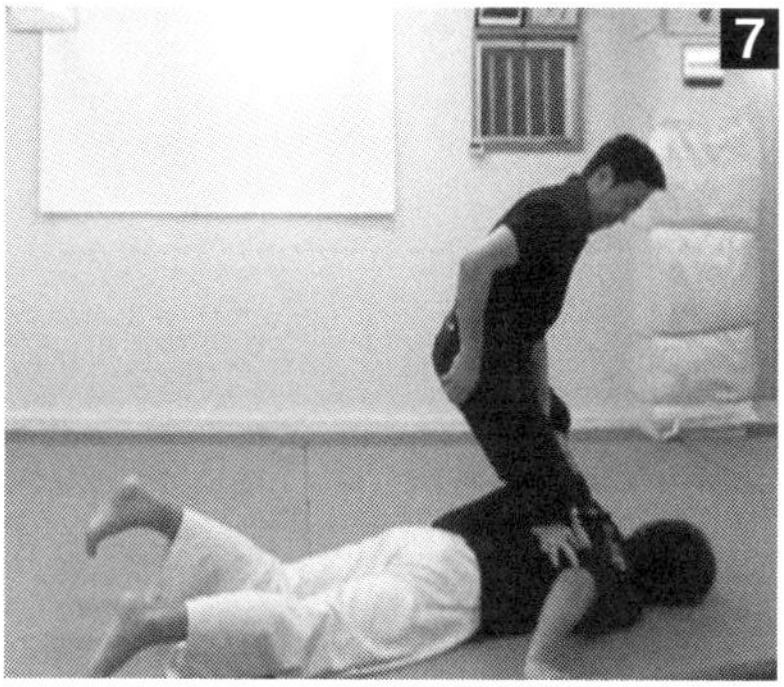

①相手が横殴りにバットを振ってくる。
②右手に持ったバトンに、左手を添えて受ける。
③左手で相手のバットを制し、右手のバトンでフロント中段突き。
④さらに右足での前蹴り（金的蹴り）。
⑤右手バトンで相手の左手を押し込み相手を崩す。
⑥フロント部で相手を押さえる。
⑦バトンを相手の腕に絡める（ここで手錠も可）。相手がさらに抵抗する場合は、ヒザを添えてバトンのリアーで押さえる。

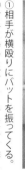

芦原の考案したＡバトンは、こうした現状を踏まえたうえで、未来へ向けての特殊警棒であったということができる。芦原が考えていたＡバトンの最終形は、警察のＳＰや私服警官が背広の下に隠し持ち、瞬時に取り出して相手を制圧できるものでなければならないという考えがあった。さらに機能的に軽く頑丈で、女性でも短期間の稽古で制圧技術をマスターできる警棒という理想を追求していた。そのための指導プログラムも綿密なものを作り上げていた。

ここでは、実際の現場でいかに相手を制圧し、手錠をかけるかという技術、さらには相手が凶器を所持していた場合のＡバトンの使い方の例などを紹介している。現場で対峙する相手が、手に凶器を所持していた場合においても、Ａバトンがあれば瞬時に相手を制圧することが可能となる。Ａバトンは、そのＬ字状の外形を利用することで、様々な攻撃や受け、関節を固めることができる。関節を極めれば手錠を掛けることも容易である。

ここで紹介している技術は、特に警察や軍関係の人間に指導された専門的な内容であることをお断りしておく。したがって、写真から見よう見まねで行うことは、控えていただきたい。よって正しい使い方は、専門家について学ぶ必要がある。

Ⓒ相手の廻し蹴りに対して

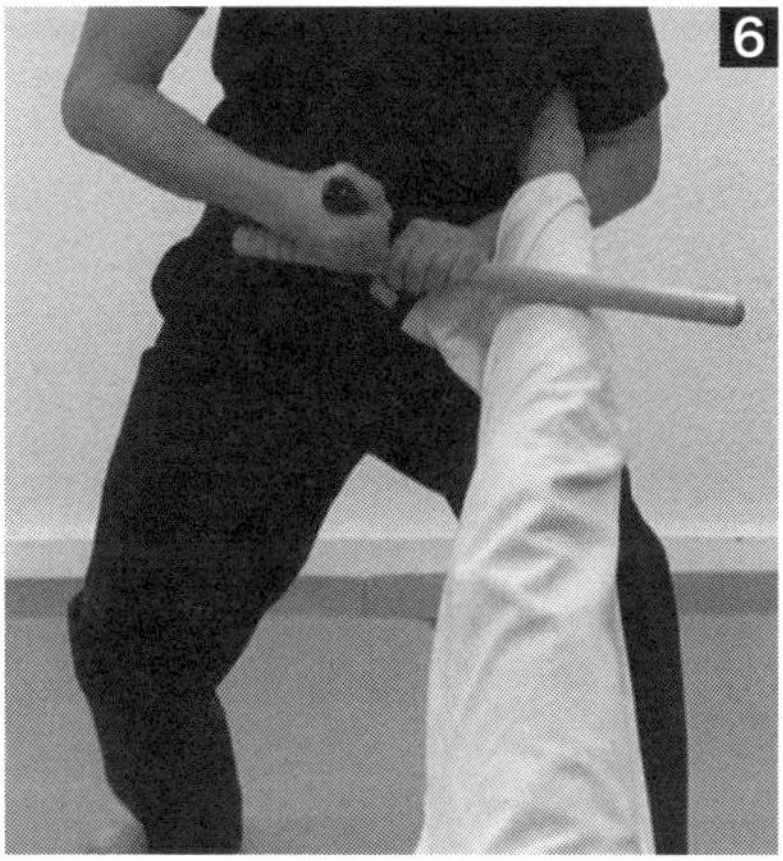

①相手がロングの間合から蹴りを放ってきた場合、右手のバトンへ左手を添えて受け、
②左腕で蹴り足を巻き取ると共に、相手のミゾオチへリアー中段突き。
③そのままバトンを首へ掛けつつ、右足を踏み込み、
④軸足を刈って、仰向けに倒す。
⑤相手の足首を巻き込んだ左手でバトンを掴み、相手の臑を上からバトンで押さえ込めば、激痛を与えることができる（⑥は正面からのアップ）。

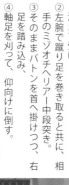

①相手が胸倉を掴もうと、腕を伸ばしてくるので、
②その腕をバトンで流しつつ、
③左手で肘を押さえつつ、右手のバトンをアゴ下から差し入れ、
④アゴをアップダウンさせ、後方へ投げ落とす。
⑤すかさずバトンを引き上げ、首筋などへフロント突きを入れる。

1

2

3

4

5

★注意事項

本書で紹介した「Aバトン」や「特殊警棒」を現在、個人的に購入することは可能である。しかし、こうした警棒を所持して歩くことは「軽犯罪法違反」となり、警察に拘束されることにもなりかねないので、取り扱いには十分気をつけなければならない。

Ⓔ Aバトンを使った「巻き込み投げ」

①〜②フロント突きの要領で相手の脇下へ差し込んだ先を掴み上げ、
③そのまま全身で巻き込み、
④投げる。

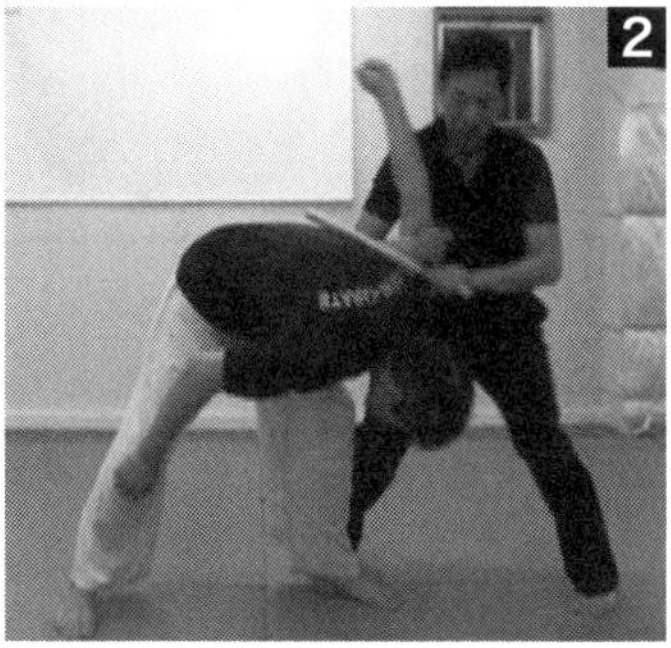

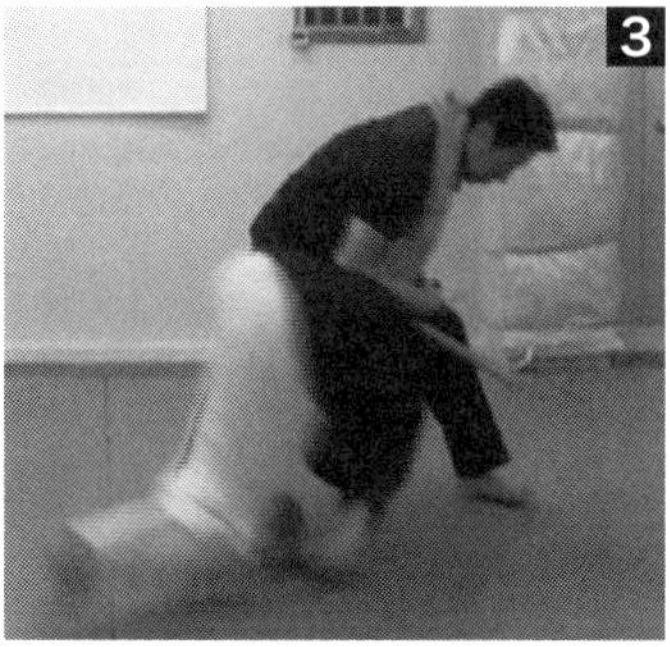

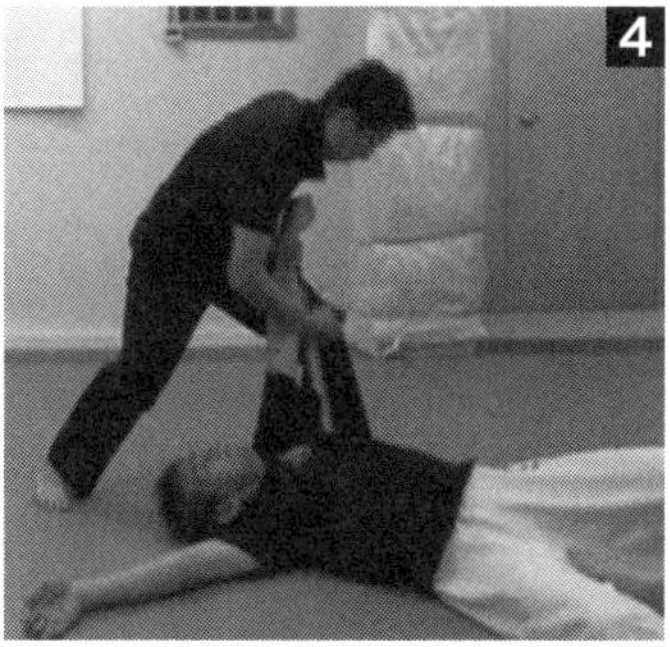

Ⓕ Aバトンを使った「かんぬき」

①今度は、手刀打ちの要領で相手の腕を打ち落とし、
②相手の脇下へ差し入れたリアー部を、肩越しに掴んで、
③相手の腕を絡めて巻き落とし、肩関節を極める。
④バトンで腕を制してしまう（ここから手錠をかけるのも可）。

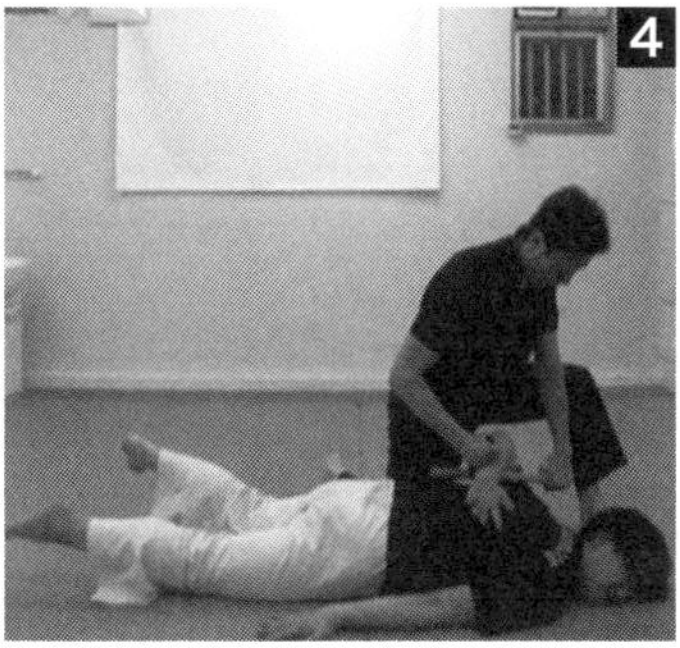

Ⓖ 前からの掴みに対する制圧（1）

①相手に胸倉を掴まれた状態から。
②下から押し上げるようにバトンを肘へ当て、
③～④相手の肘を返すように巻き落として、
⑤そのままバトンを相手の腕へ絡めるように制する。

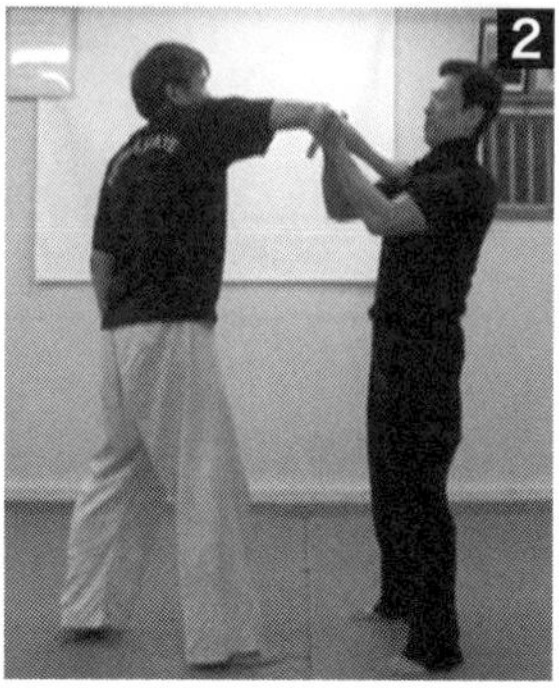

Ⓗ 前からの掴みに対する制圧（2）

①同じく胸倉を掴んだ相手の腕の上からバトンを渡して両手で掴む。
②一気に膝を屈して、バトンへ全体重をかけて沈み込む。
③相手は為す術なく崩れ落ちると共に、腕の激痛で動けない。

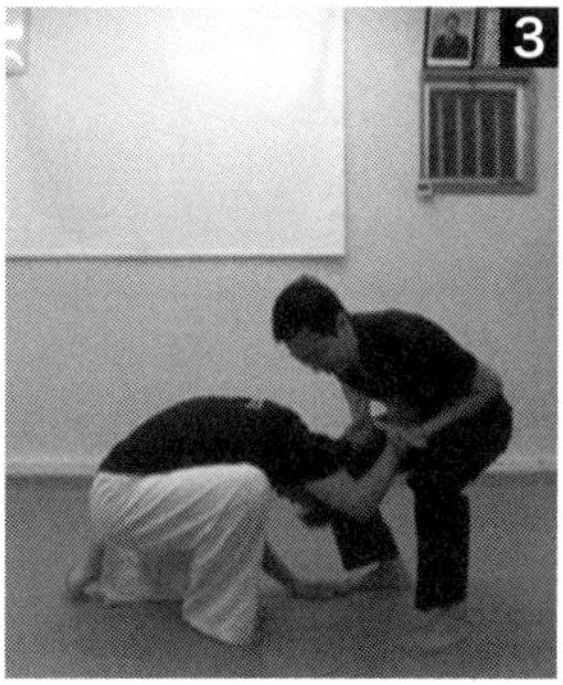

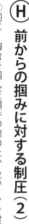

Ⅰ　Aバトンを使い、バックを取って制圧

①相手の蹴りをバトンで受け流し、
②背後へ回りつつ
③バトンを相手の首へ掛ける。
④背後より膝を蹴り込み、
⑤首を制したまま引き倒す。
⑥～⑦左手で腕を捕りつつ、バトンで首を押さえて動きを制する。

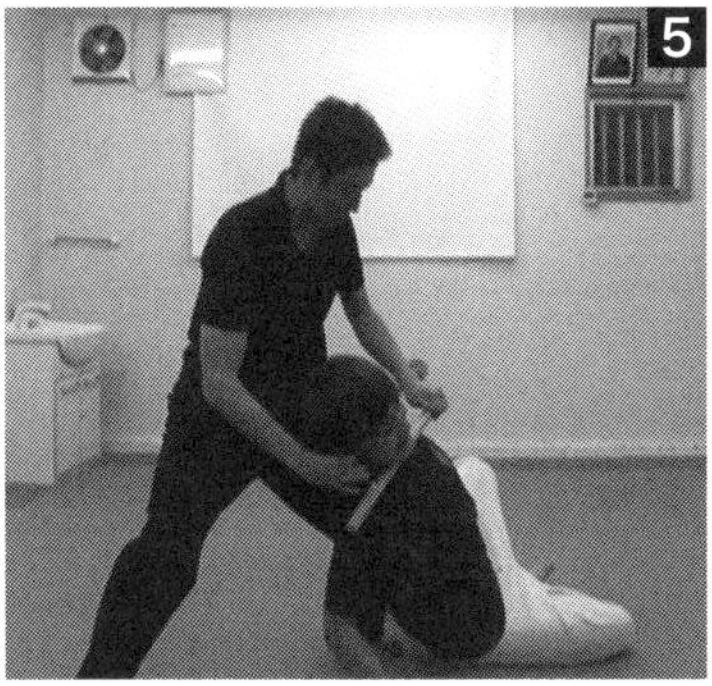

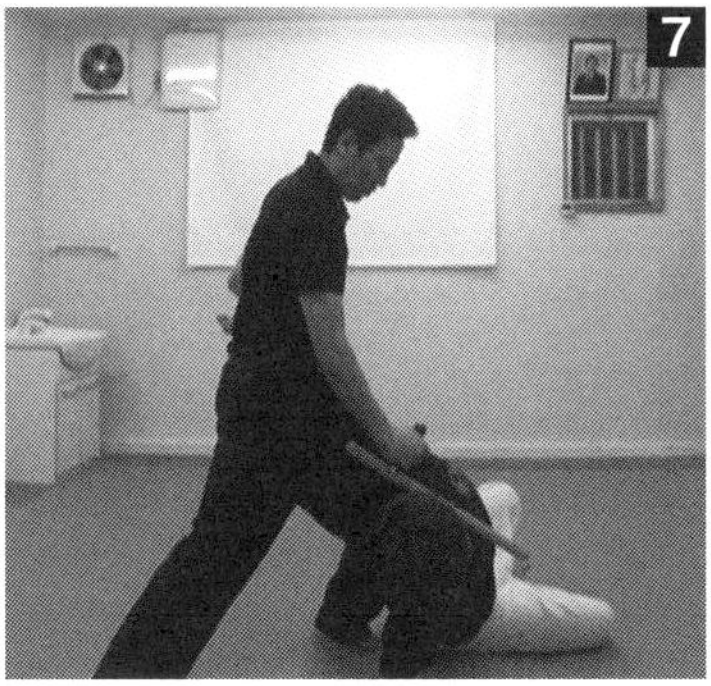

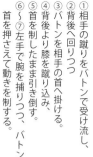

芦原英幸の夢

芦原は、昔多くの警察官や機動隊、ＳＰなどにも空手や護身、制圧の技術を指導してきた。そんな中で、芦原が心を痛めていたことがあった。それは、指導した弟子が強盗や凶悪犯に対峙し、凶刃によって命を落とすことだった。空手を学んでいても、それだけで誰もが相手の持つ凶器に対処できるものではない。

より安全に対処できる特殊警棒は、芦原の悲願でもあった。それこそ芦原の夢は、全国の警察組織にＡバトンが導入されることだった。しかし様々な障害が横たわり、その夢の実現は難しいものがあった。芦原が亡くなる前に、一部の機関ではＡバトンが正式に採用されたことがせめてもの救いであった。

現在、芦原の作ったＡバトンは、日本よりもむしろ海外で高く評価されている。いつか海外の警察や軍でも、芦原のＡバトンが使われる日が来るかもしれないのだ。

本書を執筆するうえでは、多くの方が協力してくださった。改めて感謝の意を表したい。また今回発表した内容は、資料のごく一部にしかすぎない。またいつか再びお会いすることもあるかもしれない。その時まで。

退屈な人生は死ぬより悪いぜ！

松宮康生

付録編◎特別公開！

芦原英幸の
直筆ノート

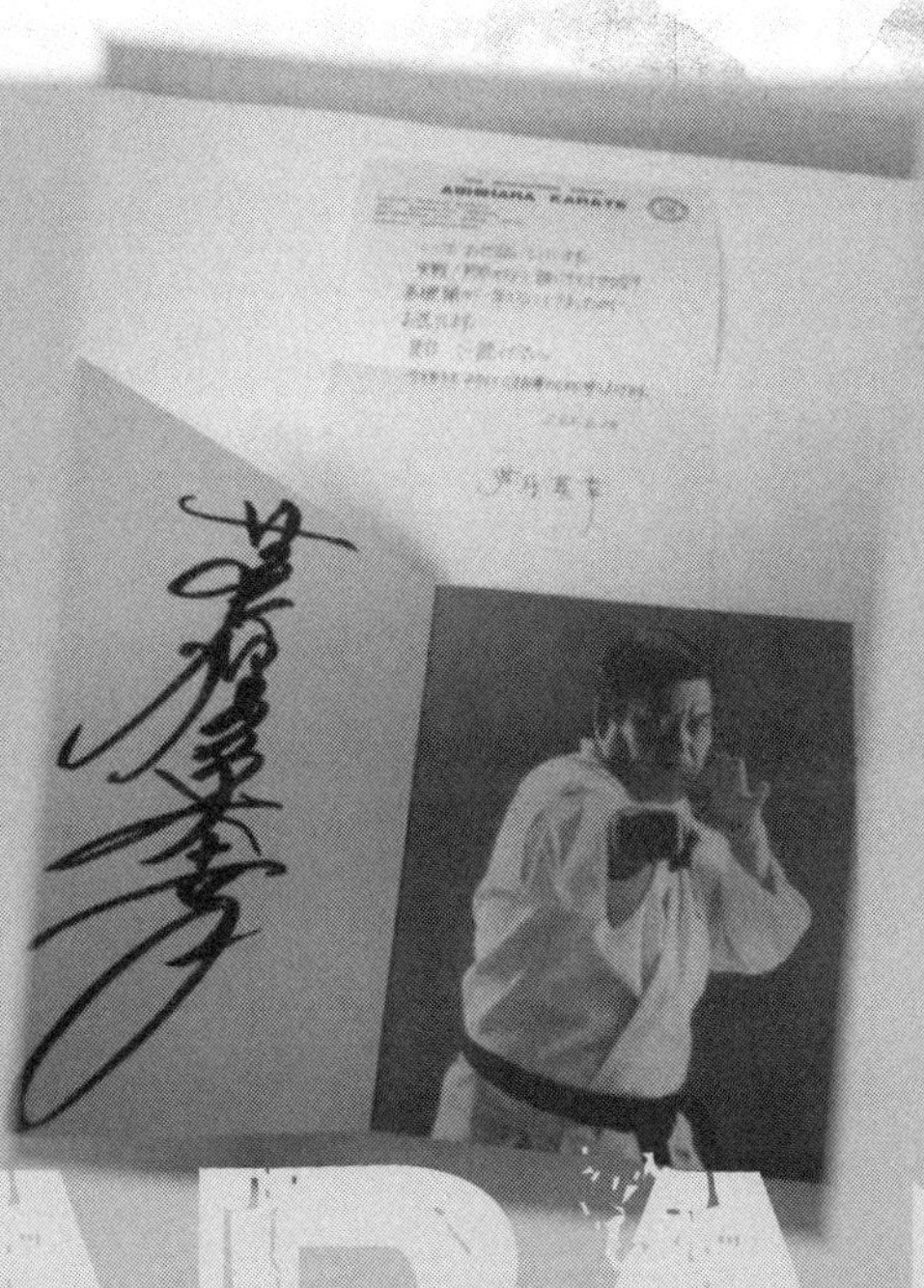

SABAKI

芦原英幸は、芦原会館の技術書が完成する以前には「型」や「技術」に関するメモを毎月のように書いていた。それは、将来技術書を書くためのものであった。そして一部のメモは、各支部長に送付され指導の一助とするように通達された。芦原が、書き残したメモや手書きの資料は膨大な数になり、その多くは後に出版された技術書のなかに取り入れられたが、取り入れられなかった内容も多くある。こうした資料は、資料だけで数冊の本になりえるほどの分量があるが、なかには第三者が見ても何のメモであるかわからない内容のものもある。

本来、こうした資料は処分されたり、紛失されて後に残らない場合がほとんどである。しかし私は、何十年にもわたり芦原からの手紙類とともに保管してきたのである。芦原が、一つの型を作り出すにも様々なことを研究し、また思考錯誤しながら作り上げてきたことがご理解いただけるだろう。

現存する紙の資料は、芦原の初期の技術に対する考えを知るうえでも第一級の資料である。ここでは、芦原がサバキの技術書を作るために試行錯誤していた時代の資料をほんの一部ではあるが公開したい。類い希なる天才の思考の一端を垣間見ていただくことができたなら幸いである。

なお、ここに掲載したものは、すべて 1981 年から 1988 年の間に芦原自身によって書かれたものである。

本書に収録した芦原の直筆ノート

①サバキの型（プロトタイプ）

②芦原カラテの基本（より合理的な空手）

③基本と組手のポイント

④組手とサバキの稽古

⑤投げの型１（プロトタイプ）

⑥投げの型２（プロトタイプ）

⑦中級・上級パンチに関するメモ他

⑧基本の型１（プロトタイプ）

⑨芦原手裏剣の設計図

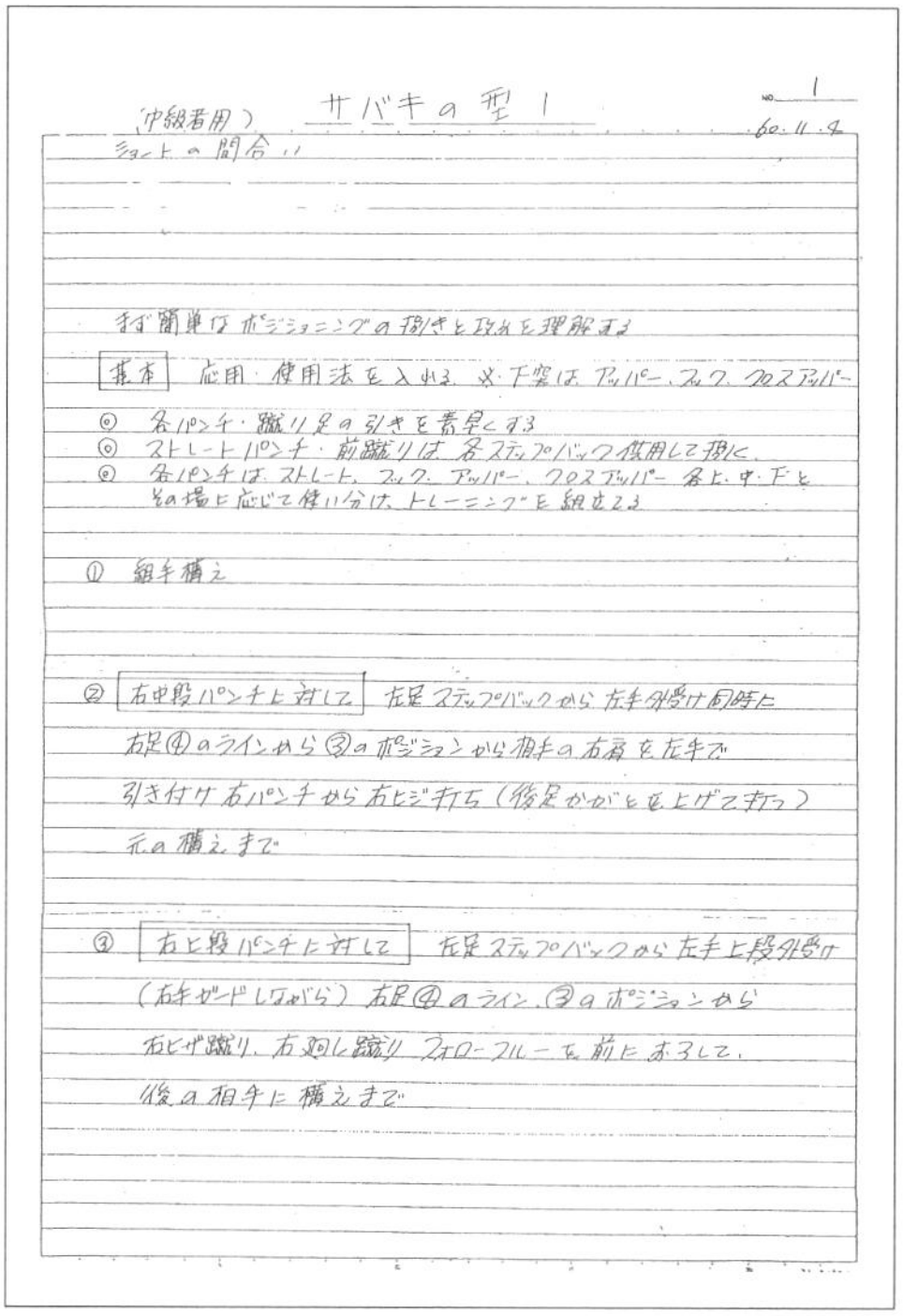
(中級者用)　サバキの型 1　No. 1
60.11.4
ショートの間合い

まず簡単なポジショニングの動きと攻めを理解する
基本　応用・使用法を入れる。必ず下突は、アッパー、フック、クロスアッパー
◎ 各パンチ・蹴り足の引きを素早くする
◎ ストレートパンチ・前蹴りは、各ステップバック使用して動く。
◎ 各パンチは、ストレート、フック、アッパー、クロスアッパー 各上・中・下と
その場に応じて使い分け、トレーニングを組立てる

① 組手構え

② 右中段パンチに対して　左足ステップバックから左手外受け同時に
右足④のラインから③のポジションから相手の右肩を左手で
引き付け右パンチから右ヒジ打ち（後足かかとを上げて打つ）
元の構えまで

③ 右上段パンチに対して　左足ステップバックから左手上段外受け
（右手ガードしながら）右足④のライン、③のポジションから
右ヒザ蹴り、右廻し蹴り フォロースルーを前におろして、
後の相手に構えまで

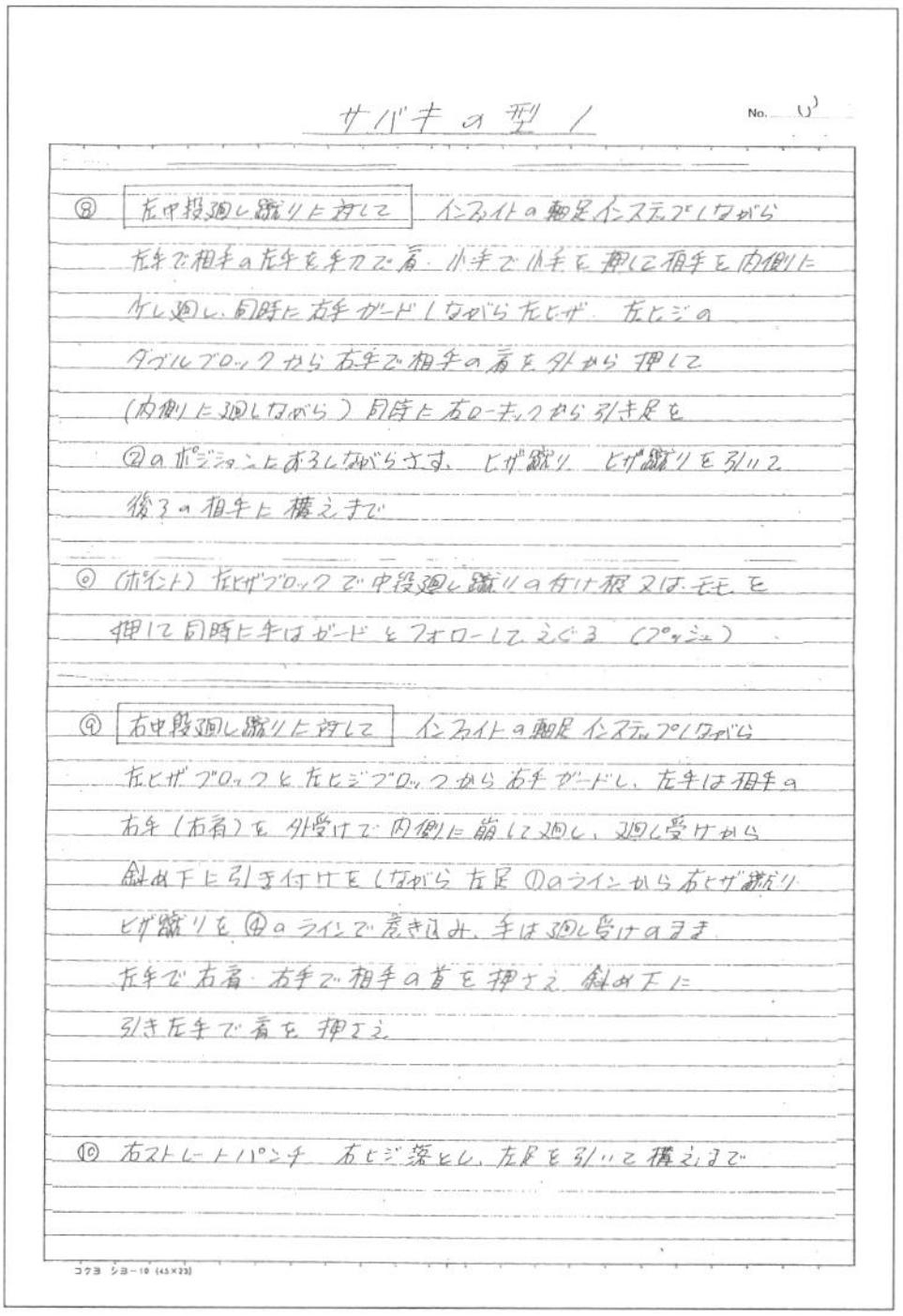
サバキの型 1　No. 1)
⑧ 左中段廻し蹴りに対して　インファイトの軸足インステップしながら
左手で相手の左手を手刀で肩、小手で小手を押して相手を内側に
少し廻し、同時に右手ガードしながら左ヒザ、左ヒジの
ダブルブロックから右手で相手の肩を外から押して
（内側に廻しながら）同時に右ローキックから引き足を
②のポジションにおろしながらさす。ヒザ蹴り、ヒザ蹴りを引いて
後ろの相手に構えまで
◎（ポイント）左ヒザブロックで中段廻し蹴りの付け根又はモモを
押して同時に手はガードとフォローしてえぐる（プッシュ）

⑨ 右中段廻し蹴りに対して　インファイトの軸足インステップしながら
左ヒザブロックと左ヒジブロックから右手ガードし、左手は相手の
右手（右肩）を外受けで内側に崩して廻し、廻し受けから
斜め下に引き付けをしながら左足①のラインから右ヒザ蹴り
ヒザ蹴りを④のラインで差し込み、手は廻し受けのまま
左手で右肩、右手で相手の首を押さえ、斜め下に
引き左手で肩を押さえ

⑩ 右ストレートパンチ、右ヒジ落とし、左足を引いて構えまで
コクヨ シヨ-10 (45×23)

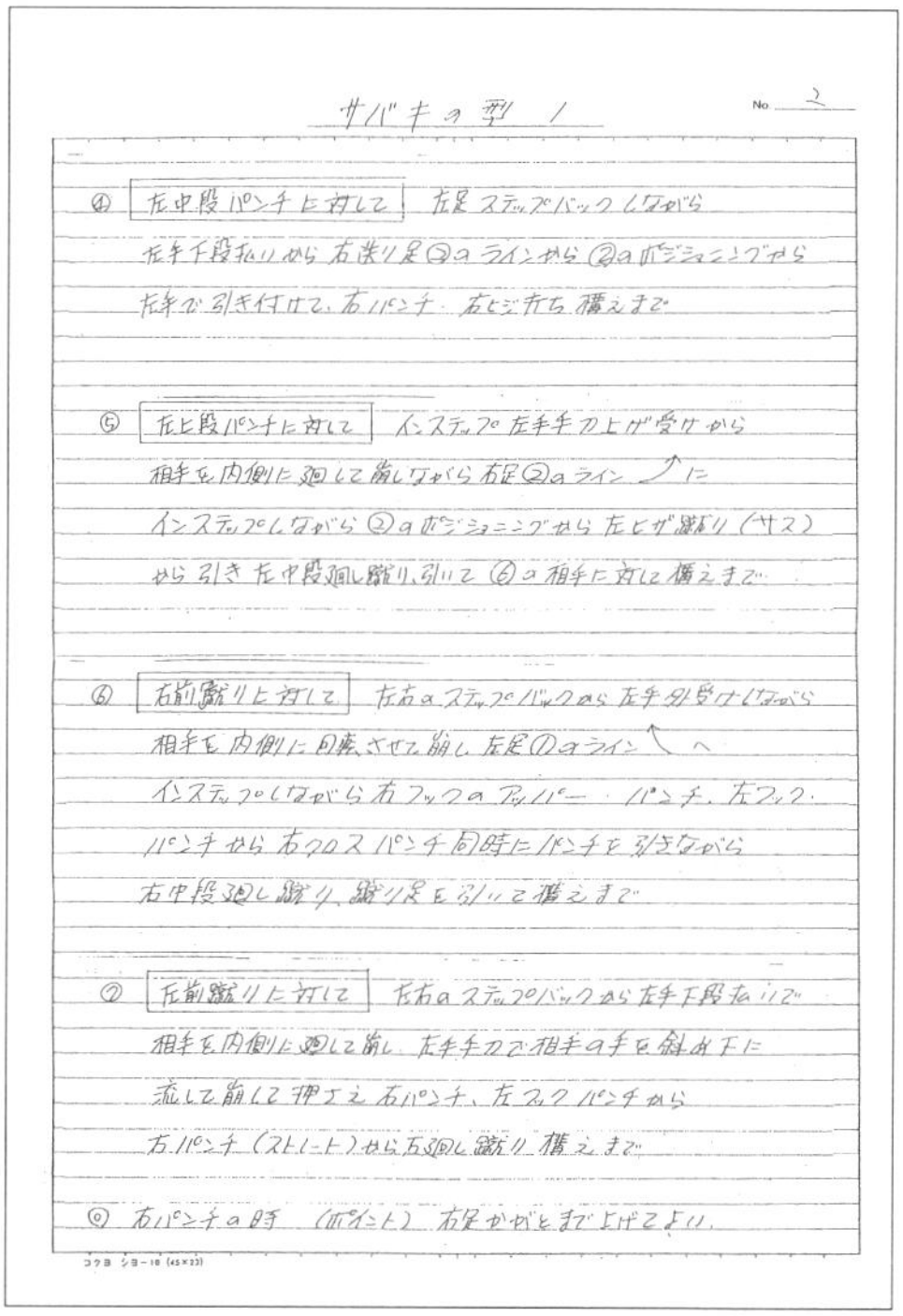
サバキの型 1　No. 2
④ 左中段パンチに対して　左足ステップバックしながら
左手下段払いから右送り足②のラインから②のポジショニングから
左手で引き付けて、右パンチ・右ヒジ打ち構えまで

⑤ 左上段パンチに対して　インステップ左手手刀上げ受けから
相手を内側に廻して崩しながら右足②のライン ↗ に
インステップしながら②のポジショニングから左ヒザ蹴り（サス）
から引き左中段廻し蹴り、引いて⑥の相手に対し構えまで

⑥ 右前蹴りに対して　左右のステップバックから左手外受けしながら
相手を内側に回転させて崩し左足①のライン ↖ へ
インステップしながら右フックのアッパー・パンチ、左フック・
パンチから右クロスパンチ同時にパンチを引きながら
右中段廻し蹴り、蹴り足を引いて構えまで

⑦ 左前蹴りに対して　左右のステップバックから左手下段払いで
相手を内側に廻して崩し、左手手刀で相手の手を斜め下に
流して崩して押さえ右パンチ、左フックパンチから
右パンチ（ストレート）から右廻し蹴り 構えまで
◎ 右パンチの時（ポイント）右足かかとまで上げてよい。
コクヨ シヨ-10 (45×23)

横蹴り　(関節蹴り)

① 蹴り足で床を蹴り、ヒザを内側にモモの高さまでとし、引き上げ
㊟ ヒザ・股関節のタメが大切である

② ヒザを中心として、カカトを目標に向けて蹴り出し
㊟ 肩に力を入れない、初めから軸足を伸ばしきって蹴らない
㊟ 上体は横に反作用で少し倒しながら蹴る
(前に倒しては、蹴り込めないし危険である)

③ 軸足の回転はインパクトに合わせて少し回転させ
腰の回転を加えながら蹴り込む インパクト
㊟ 一般的に軸足の回転が早すぎてパワーのほどけた蹴りになる
軸足はラストにひねる
(カカトは上げなくてもハイキックを蹴れば一瞬あがる)

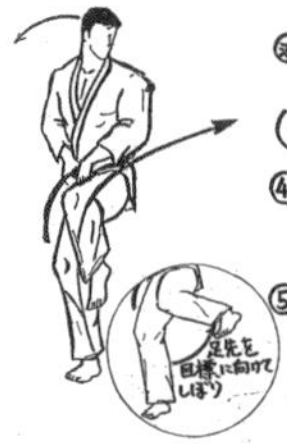

④ フォロースルーの蹴り足は止めずにすばやく引く
(モモ・ヒザを軸足のモモに引き付けてから下ろす)

⑤ 蹴り足の着地と同時に軸足のひねりをスタート時の結び立ちの体勢に戻す
※ 中段・横蹴りは軸足を伸ばさず腰の高さを止めて回転のみで蹴っても可
※ 関接蹴りは、腰・ウェートを少し下げながら蹴る

―― 次のカウントにそなえる ――

◎軸足を伸ばす事にこだわらずに、蹴りにこだわる

※ 中段を蹴れば伸びないが上段を蹴れば自然に伸びる

前蹴り　(前屈立ち)手はガード

◎基本の時は、帯の横をしっかり持ち、ヒザを少し折る

同時に各運動を相乗させてパワーを集中させる。

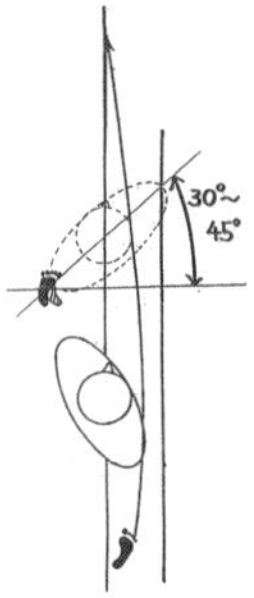

① 腰を少し引いたまま上げて、腰のタメ
㊟ 腰を回転させて軸足に乗せながら蹴る

② 腰の回転を加えて蹴る
㊟ 初めから腰の回転でヒザを前に出さない

③ 床を蹴り足で蹴りスタート！
(かかとの引き上げでヒザのタメからヒザを引き上げながら蹴る)

④ 軸足の横のラインに蹴り足のヒザが合わさるラインから腰の回転を加える
㊟ スタート時から腰の回転を加えるとヒザが伸びずヘッドスピードが出ない

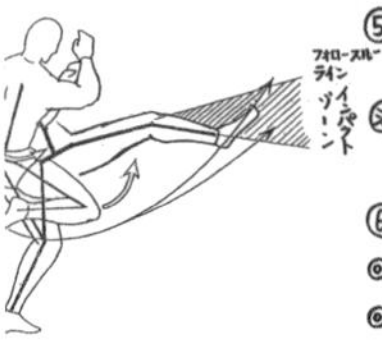

⑤ インパクトに向けて軸足を少し伸ばしながらパワーを集中させて蹴る　インパクト
㊟ 伸ばしきってから蹴らない。力を集中させて蹴る
伸びきってからでは弱いし、パワーの分散になる

⑥ フォロースルーをすばやく引き戻す(もも・ヒザ・腰をすばやく引

◎軸足の回転を元に戻し、元の体勢に着地
◎基本は軸足の回転を止めて蹴る可
◎ヒザを止めてから足の開放ではインパクトは弱い

㊟ 上段・中段前蹴りは、軸足を沈めながら蹴らない(パワーのロスになる)
㊟ 中段は、腰の高さを止めて回転に乗せてヒザを開放のみで蹴っても可
㊟ 距離の短い時は、腰の回転を少くして蹴る

―― 次のカウントを待つ ――

(テーマ) 軸足は、最後に廻す

廻し蹴り　軸足を止めて腰の回転で蹴る

・まずヒザを回転させながらヘッドを走らせインパクトに合わせて軸足を回転させて蹴る。

・基本は中足の蹴りが早く身に付きやすく又蹴りを早く引き戻しやすい。

構えの時に軸足を外に逃がさず少し内側にしぼりヒザを少し前に折る

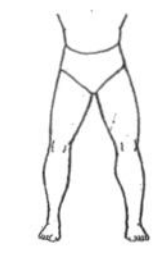

・軸足に体重を移動させながら

・ヒザを少し外側に廻しながら出して

※軸足を早くひねりヒザを外側に逃がさない
(パワーのロスになる)

・蹴り足のヒザを少し回転させながら蹴りをスタートさせ腰の回転を加えて蹴る

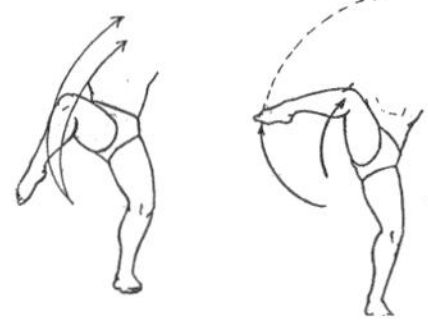

足先の変化に注意
段々外側からまわってくる

※ スタンスは肩幅より狭くする
スタンスを広く取り過ぎると蹴り足のヒザがインコースを通り腰の回転がきかない

廻し蹴り　(前屈立ち)手はガード

◎基本の時は、帯の横をしっかり持ち、ヒザを少し折る。

同時に各運動を相乗させてパワーを集中させる。

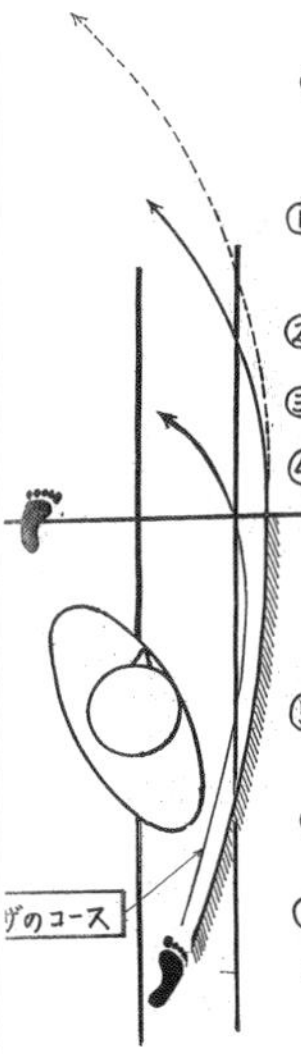

① 軸足のひざから重心移動
㊟ ウェートを前足に乗せながら蹴る

② スタート時の前への腰(ヘソ)・体重の移動がポイント

③ 床を蹴り足で蹴りスタート！

④ 軸足の横のラインに蹴り足のヒザが合わさるラインから、腰の回転と蹴り足のひねりと足首の返しを加える
㊟ スタート時から腰の回転を加えるとヒザがインコースを通り蹴りが伸びない

⑤ インパクトに向けて軸足を伸ばしながらパワーを集中させて蹴る。　インパクト
㊟ 伸ばしきってから蹴らない。力を集中させて蹴る
伸びきってからでは弱いし、パワーの分散になる

⑥ フォロースルーをすばやく引き戻す(もも・ひざ・腰をすばやく引く

◎軸足の回転を元に戻し、元の体勢に着地。
(前に着地も可)

㊟ 上段廻し蹴りは、軸足を沈めながら蹴らない(パワーのロスになる)
㊟ 中段は、腰の高さを止めて回転に乗せてヒザを開放のみで蹴っても可
㊟ 下段は、腰・ウェートをヒザで少し落としながらパワーを集中させて蹴る可

―― 次のカウントを待つ ――

（テーマ）軸足は、最後に廻す

横蹴り ヒザを先に出さない。（カカトから一気に蹴り抜く）

◦軸足を止めてヘッドを走らせて蹴る 軸足の回転は、蹴り足についてくる位の回転で良い。

後ろ廻し蹴り カカトから一気に腰の回転で蹴る

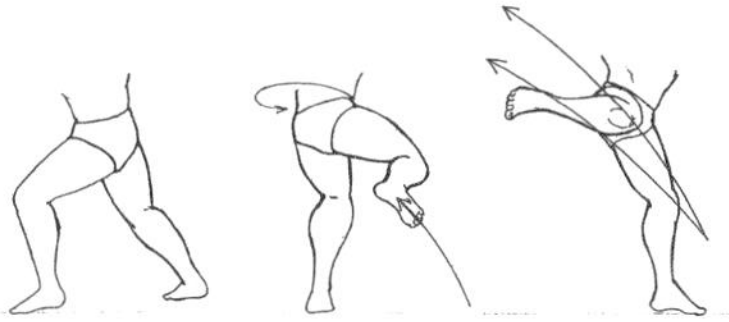

◦蹴り足を上げたところから目標に向けていく。

◦蹴り足は、構えの位置から床を蹴りためる。

◦一端 引きずってから蹴らない。

（テーマ）軸足は、最後に廻す

◦軸足を伸ばしてから蹴るのではなく蹴れば伸びる。

◦軸足が先に回転すれば、ヒザが外に出て横に力が逃げるし、蹴りにくくスピードが出ない。

サンドバックに対する前足（左足）の角度

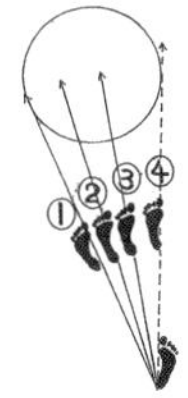

① ローキック

② ミドルキック

③ ハイキック

④ ヘッドスピードをチェックする時

※サンドバックを蹴る時は腰の回転をチェックしながら蹴る

相手と向かいあった場合の前足（左足）の角度

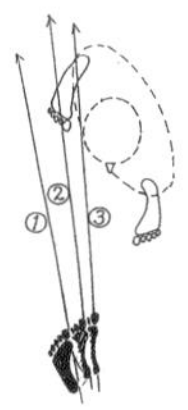

① ローキック ＝ 相手の右足先より少し外に向けて

② ミドルキック ＝ 相手のつま先に向けて

③ ハイキック ＝ 相手の右足甲〜足首辺りに向けて

1

芦原空手の基本と組手のポイント

基本練習・基本ゲイコの号令を掛ける方にお願い！

急いだ突、受、ケリでは悪いクセ、ムダな動き、理に合う動作、腰の回転、体のバランス等チェック出来ず、悪いクセも直せません。速い号令のみでは初心者・白帯・黄帯の方が大変であり、ケイコについてこれず体力の有る者のみが残る事になります。号令は確実に一本一本気を入れて掛けて下さる事をお願いします。

※もちろん先輩等はより一本一本確実に速く突、受、ケリ、引き、次の号令を待つ位がベスト。気の入らない流れた基本にならない事

※急ぎ過ぎなければ各自が腰の回転、外受のヒジのライン、各コース、上半身の回転、ヒネリ、腰、ヒザのタメ等が十分注意出来るし各ポイントも解ります。

◎急ぎ過ぎない号令を！
しかしラストの4、5本は少しスピードアップでお願いします。これで十分正しい、力強い、より速い基本が身に付きます。※ラスト4、5本の基本の号令はリズミカルにスピードアップ

コンビネーション、サンドバック等でよりスピードアップを各自がチャレンジすればよい。初心者、白帯をふくんだ合同の基本ケイコを忘れない事！
初心者、白帯に大き過ぎる無理な負担は人も集まりません。芦原会館の仲間がより多くの方が参加出来る空手、楽しみながら自分自身を高めることを目的としています。見学者、初心者が安心して学べる会館のムードも大切です。各先輩はより自分の態度等に気を配れるようになれるはず、後輩は見て学びます。各自、目的意識をもってチャレンジして下さい。

2

組手の注意とポイント

①上半身（手の組手）②下半身（足、ケリの組手）とスピードもスローで行なう軽い組手、特に初心者、白帯・黄帯に対しては体力差、キャリアを考えて行なう事。

ミドルのスピードの組手と分けて行うと各自攻防のポイント、正しい受、捌きが理解出来、無理、無駄のない合理的な動きが全員に可能になり、また組手にも親しめ、楽しみながら空手が学べます。

黒帯同士の組手ならいきなり試合のようなハードな組手も可能ですが、それすらケガ、リスクが大きすぎます。（トーナメントでもルールがある）

基本と同じで、まず正しい受を知る事。
組手をスローで行えば初心者でも徐々に正しい受、動き、捌きがわかる。理解出来れば楽しみも増し、特に初心者、白帯・黄帯に対してはミドルまでのスピードの組手を心がけて下さい。

先輩がスローでステップ等でリードして行って下さい。止まった捌きは先輩でも危険です。グリーン・茶帯がたまにミドル以上のスピードで組手をトレーニングすれば自然と速い動きにもなるし、安全に正しい攻防、捌きが十分学べます。

※黒帯が出来るからと初心者、後輩に強要しては無理があるし、続かない。ハードな組手ばかりでは体を痛めるばかりで楽しくなくなる。

プロのキックボクサーですらスパーリングを軽く行い攻防を身に付ける。それにマウスピース、金カップ、ヘッドギヤを着用しています。

芦原空手はケガを少なく合理的に身に付けて欲しい。また数もこなせます。

これだったら週1〜2回短い時間行なえます。ケガをするのが目的でなく、特に社会人は仕事を終えてからのケイコであるので、また痛めている人には休ませる余裕が欲しい。
組手の型を分解したもののコンビネーションを週一回、また2人組で各部分の攻防を週一回づつ行なう
型の練習は最低週1〜2回行なって下さい。

組手・捌きのケイコ

正しい捌きが出来て初めて技が使える　No. 1

1. 廻しゲリの練習　より近くでより高くケル

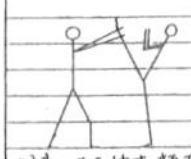

・前に出した手を目標にして廻しゲリをする。
手を強くケラないで手前をケル、当てなくとも良い。
単発でケルのでなく左右の切り返し、ダブル
三本ゲリでケル。
・時間を決めて何本ケレるか数える。

注意　手を伸す。顔面に当てない様　・20秒間（3～5セット）
手に当てないで手前の上をケッてもよい　・初心者はスローで行い　タイムも短く 10～15秒間

・腰をやわらかくして、ケリの連打（ダブル・三本ゲリ）左右切り返しを速くする。
・接近戦のケイコである。より高く、フォーム、バランスに注意
近くて高い廻しゲリ。相手の横に入ってケレる様にヒザを回してケル。

はじめはスローでフォームを正し、少しづつスピードアップする
※スピードアップの時　前ゲリぎみにならないよう注意

2. 組手の構えでケリと受けの練習
お互いに組手の構えから
・ケル方は 1. の要領で、相手のガードを目標にケル。その時、正面から
ケラないで斜めに入りながらケル。
・受ける方はブロック、ガードをしてインファイト　インステップ　サイドステップで
ケリをはずしてならす。

◎ 受けから攻撃へ
・接近戦のためには自分からインファイトしてブロック
・インステップして間をつめる　それから→ハイキック（たまに中段ゲリもまぜる）
※接近戦でハイキックが出来ればどのケリも可能　→パンチ→ハイキック
・ステップバックして（インサイド・左右へステップ）廻しゲリで返す。ハイキック

右足送り左のケリへ
はなれれば廻しゲリ
左足送り右のケリへ

ポイント　相手のケリが着地までに
ケリを返す。

◎ ケリ・受けを決めてさばきを行なう
・上段廻しゲリのみ ・上段と中段 ・上段と前ゲリ に対しての捌き
あるいは　すべてのケリをステップバックでかわして　投→ケリ→パンチ→パンチ・ケリ
というふうに決めて行なう。この時後輩には当てないで止めてケル。

◎ 護身
相手につかまれた時、あるいはつかみにきた時、
つかんでいる相手の手を（ヒジ）外かで、斜下にしぼる（右手でつかまれた場合左手で）した後で
下段払いの要領で斜下に（右手でつかまれた場合右手で）
片方の手でアゴをこっちに向けて上にあげて下に落す。
・投と共通している

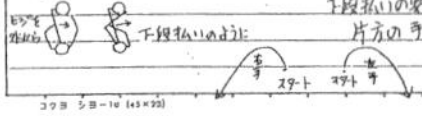

コクヨ シヨ－10（45×23）

No. 2

3. 巻き込み投げ
相手のケリをブロック、ステップバック等で受けたあと、左に入る時は
左足と左手、右に入る時は右足と右手を送る。手は相手の腕を
斜め下に引いて体を横に向ける。片方の手で首をおさえる。この時
相手と離れすぎると脇があくので、引っ付いてヒジを下げ脇をあけない
そのまま大工さんがカンナを引く要領で斜め下に引いて崩しながら
後足を180°回転して相手を転ばす様にして投げる。

腕の力で投げ様としないでヒジを曲げて脇をしぼり、腰を回転させて
最後に腰をきるようにして投げる。
その場は手のみの力になるが回転を使うと大きなパワーになる。

◎ヒザゲリの引足を利用しての巻き込み投げ　あるいはダブルキックへ。

4. 裏投げ
ステップ、受けでケリが流れた時、流した時　送り足を対角線に
入れて投る。

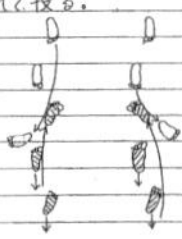

右に入る時は前足を、左に入る時は右足を
送って入れる。この時右に入る時は右手、左に入る
時は左手を相手の腕にもっていく（相手を横に
向ける、パンチを防ぐ）もう一方の手でアゴを下から
上に上げてから下におとして崩して後足を
180°回転してそのまま斜め下に投げる

アゴにもっていった手はそのまま下におしても投げにくい
ので一度上げてから下へ山なりにする。
投げ終った時相手がえいた位置にくる様にする。

◎ ステップバックを使えばどのケリも投げられる。

5. 組手ケイコ
○相手を崩して攻る、小さな力の集合で（ステップ＆ブロック＆攻）
○ローキックは誰れにも出来るので中段以上に（ケイコはより高く、正しく、バランス良く）
○脇を開けない；ガードはどうか　ヒザ・腰のタメは
○下半身（ステップ）からインファイトを（上半身からでは相手にケラレる。）
○相手から目をはなせば負、又非常にキケンである。相手を見よ。
◎ 出来ない者にハイスピードのケリをブロックしろではキケンであり　正しいブロック
捌きが出来てスピードアップの捌きも可能になる。初心者、白　には、特に注意
をしてケル事、受けられるスピードから行うと安全に学ぶことが出来、キャリヤとともに
正しい技のキレも身に付くのである。　ケリからハイキック（間があるため）
・ロングの間合はステップバックを多用しての攻へ　投－ウラ投多用
6. 型の注意点
◎ 型の1の（ショートの間の組手の型）②と④を中段ブロックからパンチ、左右、
中段ゲリ、上段ゲリに変えても行って下さい。ローキックのブロックのみではワンパターン
◎ブロックも中段ブロックに対してのダブルブロックから左右パンチ中段ゲリから上段ゲリへ

コクヨ シヨ－10（45×23）◎ 接近戦のためパンチがとどく間合であるので。

◎日その日に各ケリを一日一つ重点をしぼってケイコ
横ゲリの前足のケリ
後足のケリ
横ケ上げ
前足と後足のケ上げ
後足の送り足と同時に前足・後足でケル
中足の廻しゲリは、回わして中足でさす。背足は回わして。

パワーアップ（毎回）
腹筋運動100回の後に

白　30秒　2本
スピードアップの腹筋　帯　40秒　2本
交対にして行なうと良い

うで立て
白　帯
20　30
20　20

逆立は拳で、白帯は平手にて（白）40秒～（帯）1分
自由練習　苦手ほど重点にケイコをする、苦手ほどケイコが足りない、少ない。
（柔軟体操も）
新しい型を各番号を決めて数行なう。
あるいは、②と⑦とか⑧と⑨と選んでケイコをする。
各番号の所を二人組になって捌きを行なうとより技がきれる。

ケリのコンビネーション
受からのコンビネーション
受からの手と足のコンビネーション

接近戦の時の投げ
サイドより　ノドワは下から突上げ、アゴを身体の中心に
下から上に突上げで攻めると良い。
ポイント　この時に、目に手を当てても良い。アゴが上れば
相手は攻れない。
左右中段突きに対して、手を下になり外受より下段にして
相手の手をカンヌキのようにし顔面をケル。
この時、上半身を相手のサイドに身を入れながらケルと
より効果的で安全でもある。護身のところでも良い。

投げの型 1

No. 1
60.10.9

ポイント

投げの型1は全て芦原空手の①のラインから④のラインの組合せであり、各身体の動きも、各ラインの延長線は、全て円であり、円運動である。なめらかに、スピーディーに行なえるようトレーニングして下さい。スローで足運びのステップとフォーム・バランスをより理解してウィークポイントをより少なくすること。

全ての攻め、各パンチ、各蹴りは、正しく受けて正しく捌けば全て投げられます。又、投げながらカウンターもでき、よりパワーアップした攻めが可能になります。

投げの型は女性・壮年の方々たちもできます

① 構え

② 右中段廻し蹴りに対して　ヒザブロック → 左足①のポジショニング インステップから左ヒジから同時に右足を④のラインに320度回転して巻き込み投げ

③ 右中段パンチ又は右前蹴りに対して　ステップバックと左手外受けから右足クロスと右手は相手のアゴをアップダウンを左足45度引き③のラインに引いて裏投げ → 構えまで

④ 左中段廻し蹴りに対して　インステップ左ヒザブロックから右足②のラインへポジショニングと同時に右手外受けから左足③のラインに180度引き回し巻き込み投げ、構えまで

No. 2

⑤ 左前蹴り（又は左中段パンチ）に対して　左足ステップバックと同時に左手下段払い左足をクロスステップで②のポジションへ左手アップダウンと同時に右足を320度引き廻して裏投げ、構えまで

⑥ 右廻し蹴りに対して　ステップバックから左足インステップと（右足もインステップさせ）②のポジショニングから左手後より相手の顔面アゴアップダウンさせ同時に右手後えり首押し付け、右足④のライン350度後回転ステップの裏投げ（首折り技）構えまで

⑦ 左前蹴りに対して　（左中段パンチも同じ）左足ステップバックと同時に左手下段払いから左手ヒジそで外受けから引き付け（又はつかみ）左足②のポジションへインステップと同時に左手アゴをアップダウンさせながら右足④のラインで350度引き廻して（後回転・右ヒザ蹴り）ステップと裏投げ → 構えまで

投げは全て密着して投げる

⑧ 左廻し蹴りに対して　ステップバックから左足インステップして、右手で相手の左手を内側に回転させて、右足を④のラインに180度引き廻して裏回転からの裏投げ

No. 3

※ （ポイント）ガードに注意、サイドバックに廻る時は相手の後回転ヒジ打ちに特に注意
全てパンチが打てなくてはならない。常に相手の攻めに備える心構えが大切である。

※ フォームに注意
各構えも腰のタメを常に保ち、各蹴りがいつでも出せるフォーム・バランスが大切である。

※ ⑧⑨のバリエーション　後廻し蹴りに対して

⑨ 右廻し蹴りに対して　ステップバックから右足インステップと同時に左手で相手の右手を内側に外受けで回転させながら右手でアゴにアップ左足を③のラインで45度引き廻してダウンしながら回転させて騎馬立の投まで相手の首をモモの付け根に押し当て。

⑩ 右手刀打ちから右ヒジ落とし、左足を引いて元の構えまで

（ポイント）ヒジ打ちの時、右ヒザを落として打つ。

※ バリエーション　ヒジ落としからトドメ

※ バリエーション　ヒジ落としから → 右廻し蹴り（ローキック）
（秘）※ バリエーション　おしりつかせず、後から攻める
※ バリエーション　ヒジ落としから → ヒザ蹴り（左右）

※ バリエーション　裏投げから手刀打ち → 顔面ヒジ落とし

※ 投げから落としてパンチで決め、トドメ

※ 裏投げから右パンチ、回転ヒジ打ち

No. 4

⑩ ステップバックから左足インステップ①のラインと同時に右足④のラインに引き回して左手相手の後より左側・耳・アゴに打ち　アップダウンから各パンチ

（ポイント）右手でガード及び相手を内側に回してフォローする。

※ 右手でガード及び相手を内側に回して、各蹴り

※ 右手でガード及び相手を内側に回してヒザ蹴り → ダブルの蹴り

※ ステップバックから首と左足①のラインへインステップと右足④のラインと同時に行ないながら右パンチ

※ ステップバックから左足を①のラインへインステップと同時に右足④のラインへ移動しながらウエイトをかけて、右廻し蹴り

No.X（エアクス）（2つした） ステップバックから左足を①のラインへインステップと同時に右足③のラインへ移動しながらウエイトをかけて左パンチ　右パンチから後廻し蹴り

⑩ ステップバックから左足を①のラインへインステップと同時に右足④のラインへ移動しながらウエイトをかけて右ヒザ蹴り → ヒザ蹴りからダブルと見せてふくらはぎ足ヒッカケ投げ

※ ふくらはぎから裏へヒザ蹴り

※ 間合いができれば各間合いに応じて（中・上・下）中足・背足ヒザ蹴りを組み立てる。

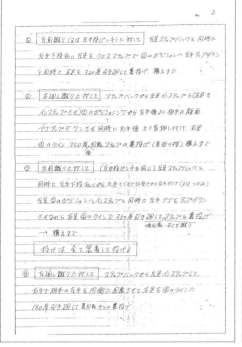

投げの型2

No. 1
60.10.9

ポイント

投げの型1は全て芦原空手の①のラインから④のラインの組合せであり、各身体の動きも、各ラインの延長線は、全て円であり、円運動である。なめらかに、スピーディーに行なえるようトレーニングして下さい。スローで足運びのステップとフォーム、バランスをより理解してウィークポイントをより少なくすること。

全ての攻め、各パンチ、各蹴りは正しく受けて正しく捌けば全て投げられます。又、投げながらカウンターもでき、よりパワーアップした攻めが可能になります。

投げの型1は女性・壮年の方どなたもできます。

① 構え

② 中段廻し蹴りに対して　ヒザブロック → 左足①のポジショニング
右ヒジを受け流しながら廻し受け
インステップから左手で相手の √同時に右足を④のラインに320度回転して
から崩し引き倒しながらカウンターの左ヒザ蹴りの引き足を
巻き込み投げ

③ 中段右パンチ又は右前蹴りに対して　ステップバックと
左手外受けから右足クロスと右手は相手のアゴをアップダウン引き倒しながら、カウンターの左ヒザ蹴り
左足45度引き③のラインに引いて裏投げ → 構えまで

④ 左中段廻し蹴りに対して　インステップ左ヒザブロックから右足
②のラインへポジショニングと同時に右手外受けから左足③のラインから
引き倒しながらカウンターの左ヒザ蹴りの足を　の廻し受け
√180度引き回し巻き込み投げ、構えまで

No. 5

（ポイント）吸収ステップ又はインサイドステップ

◎ ステップバックして相手の足の着地時へ右内モモ蹴り →
左カカと蹴り

○ 手はフォローして相手を内側に廻す

◎ ステップバックから相手の足の着地時へカウンターの右中段廻し蹴り
左肩引き付けながら右の廻し蹴りに対して引き付け崩してカウンターのヒザ蹴り
○ 手はフォローして相手を内側に廻す

※ 間合いがある場合はローキックと右手の後受けを同時に行ないながら
②のポジショニングから各攻める。

※ どの攻めに対しても、間合いがある場合は、ローキックで接近してポジショニングから各攻め、各投げにつなげばよい。

（中に有り！）

（ポイント）相手をもっと受けで、より回転させるように捌けば、より簡単に攻めにつなぐことができる

◎ ポイントのしゃべりを本番では、各撮る

○ 画面下に注意を入れるとよい。

○ 1人のトレーニングの時に、画面の隅に2人の捌きのビデオを入れる。

全部1人のトレーニングも行なえる（1回〜2回行なう）

No. 3

※ ポイントガードに注意

全てパンチが打てなくてはならない

※ フォームに注意

各構えも腰のタメを常に保ち、各蹴りがいつでも出せる

フォーム、バランスが大切である。

⑨ 左廻し蹴りに対して　ステップバックから左足インステップと同時に
左手で相手の右手を内側に外受けで回転させながら右手でアゴに
アップ、左足を③のラインで90度引き廻してダウンしながら回転させて
しながら裏投げしながら引き倒し後足、腰で引き崩し左のカウンターの左ヒザ蹴りの
騎馬立の投まで相手の首をモモの付け根に押し当て、

右手刀打ちから右ヒジ落とし、左足を引いて元の構えまで

（ポイント）ヒジ打ちの時、右ヒザを落として打つ。

※ バリエーション　ヒジ落としからトドメ

※ バリエーション　ヒジ落としから → 右廻し蹴り（ローキック）

※ バリエーション　ヒジ落としから → ヒザ蹴り（左右）

※ バリエーション　裏投げから手刀打ち → 顔面ヒジ落とし

※ 投げから落としてパンチで決め、トドメ

※ 裏投げから右パンチ、回転ヒジ打ち

No. 2

⑤ 左前蹴り（又は左中段パンチ）に対して　左足ステップバックと同時に
左手下段払い左足をクロスステップで②のポジションへ右手アップダウン
から崩し引き倒しながらカウンターの右ヒザ蹴りの引き足を
と同時に右足を320度引き廻して裏投げ、構えまで

⑥ 右廻し蹴りに対して　ステップバックから左足インステップと右足も
インステップさせ①のポジショニングから左手後より相手の顔面
アゴアップダウンさせ同時に右手後えり首押し付け、右足
崩しカウンターの右ヒザ蹴りから引き倒しながら
④のライン350度回転ステップの裏投げ（首折り技）構えまで

⑦ 左前蹴りに対して　（左中段パンチも同じ）左足ステップバックと
同時に、左手下段払いから右手えり首押し付け（又はつかみ）
又はヒジ
左足②のポジションへインステップと同時に左手アゴをアップダウン
させながら引き、④のラインで350度引き廻してステップの裏投げ
倒しながら右ヒザ蹴りのカウンターの右引き足を
→ 構えまで

投げは全て密着して投げる

⑧ 左廻し蹴りに対して　ステップバックから左足インステップして、
右手で相手の左手を内側に回転させて、足を④のラインに
崩し引き倒しながらカウンターの右ヒザ蹴りの引き
180度引き廻して裏投げ

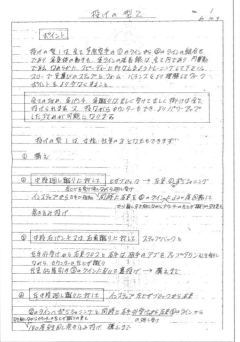

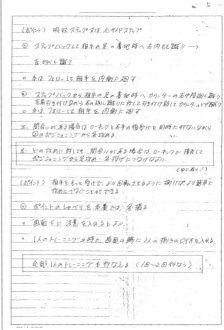

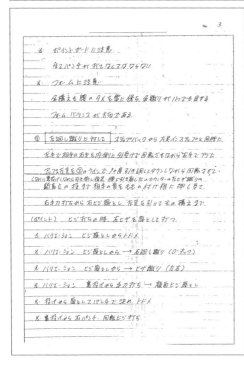

No. 4

◎ ステップバックから左足インステップ①のラインと同時に右足④のラインに引き回して左手 相手の後より左側・耳・アゴに打ち

アップダウンから各パンチ

（ポイント） 右手でガード及び相手を内側に回してフォローする。

※. 右手でガード及び相手を内側に回して 各蹴り

※. 右手でガード及び相手を内側に回して ヒザ蹴り → ダブルの蹴り

ステップバックから首と左足①のラインへインステップと右足③のラインと同時に行ないながら右パンチ

※. ステップバックから左足を①のラインへインステップと同時に右足③のラインへ移動しながらウエイトをかけて右廻し蹴り

※. ステップバックから左足を①のラインへインステップと同時に右足③のラインへ移動しながらウエイトをかけて左パンチ

右パンチから後廻し蹴り

◎ ステップバックから左足を①のラインへインステップと同時に右足③のラインへ移動しながらウエイトをかけて右ヒザ蹴り →

ヒザ蹴りからダブルと見せてふくらはぎ足ヒッカケ投げ

※. ふくらはぎから裏へヒザ蹴り

※. 間合いができれば各間合いに応じて（中・上・下）中足・背足ヒザ蹴りを組立てる

No. 5

（ポイント） 吸収ステップ又はインサイドステップ

◎ ステップバックして相手の足の着地時へ右内モモ蹴り →

左かかと蹴り

○ 手はフォローして相手を内側に廻す

◎ ステップバックから相手の足の着地時へカウンターの右中段廻し蹴り

○ 手はフォローして相手を内側に廻す

◎ 自主トレで、又は応用技では各ヒザ蹴りをダブル又は、左右ハさきに蹴ってもよい。相手の次のパンチ等により、中段パンチは斜め下に流してからの上段ヒザ蹴り（廻し蹴り）中段ヒザ蹴りの各廻す・さす・突き上げるの組み合せ等をおりまぜて常にバリエーションの変化技ができるようトレーニングする

◎ 又、各ポジショニングからヒザ蹴りのところをすべてパンチでカウンターで攻めることができます

◎ 投げ技は崩しの延長であり、崩しからカウンターの各攻めを加える。足の引き足を利用して投げる。あくまでも投げるのが目的ではなく、実戦では、打つ、蹴ることを常に行なえること。

○ 芦原空手のライン③と④の崩し、引き足の時、足腰から回転し、手は力んではいけない。

〈テーマ〉 左中段・上段パンチの捌きのトレーニング

No.
61・6・10

（ポイント） 各捌き 残りの手は、ガード及びフォロをする。
捌きの時 脇をあまりあけない◎ポジショニングから捌く

1人でのシャドウトレーニングと2人組でのトレーニングを行なう

左中段パンチに対して （左中段突きの捌きは左前蹴りと同じである）
◎前蹴りのトレーニングを日を改めて行なって下さい
左手下段払いから右足送り②のアウトサイドより右パンチ（※ パンチワンツー）

※. 左手下段払いから右足②のアウトサイドに送り右パンチ → 右ヒジ打ち

※. 左手下段払いから右足②のアウトサイドに送り右パンチ → 右ローキック
→ 左中段廻し蹴り

※. バックポジションを取るトレーニング 各受けから右足ラインと右外受けを同時に行なう

※. 左手下段払いから右足②のラインで送り 右外受けから同時に左足③のラインで引き、巻き込み投げと左ヒザ蹴り

（ポイント） 捌ききれない時はステップバックからポジショニングから捌く

左上段パンチに対して 左手手刀受けと右足②のアウトサイドに送り右パンチ

※. 同じく 右パンチ、右ヒジ打ち

※. 同じく 右パンチ → 右カッティング → 左廻し蹴り

※. 同じく 右パンチ、右カッティングキック

（ 蹴り足引いてダブルローキック〈頭部〉）

※. 左足②のラインに送り 裏投げからパンチ　多数ある。

※. 各受けから各全ての蹴りで返す　（例） 後蹴り　後廻し

（ポイント）

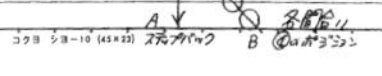

◎ まずポジショニングからトレーニング
小さく崩しながら徐々に大きく崩しカウンターで倒す
◎ 止まって捌いては倒されるのみ

〈中級・上級者用〉 ワンツーパンチの捌きトレーニング

No.
61・6・10

（テーマ） 左パンチ（中段） → 右パンチ（上段）

（テーマ） 左パンチ（中段） → 左上段パンチ

（テーマ） 左パンチから → 左上段パンチ → 右パンチ

上級者用 ※. 左パンチ → 左上段パンチ → 右パンチ
→ 左廻し蹴りの捌き

（ポイント） ◎ 各ステップのラインの組合せとストッピング・ステップバックの兼用、ポジショニングから捌く。
◎ 止まっていては打たれる。

右の攻めに対しても同じく行なうポジショニング

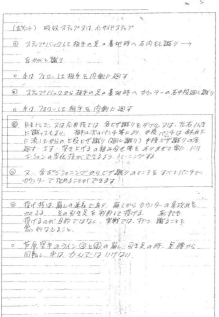

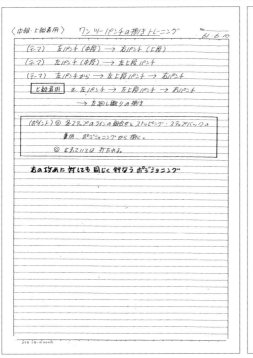

基本の型 1

No. 2

① 組手構え（突き）　（ポイント）ポジショニングから覚える。　止まって受けては倒される。

◎ パンチの攻めは変化が早いのであらゆるパンチ・突きの攻めに対して受け・捌きを備える。左手のガード及び右手のガードは、クロスガード等、常に一番弱いアゴ・顔面に注意して、ノーガードは非常に危険である。

② 右中段パンチに対して　左前足のステップバックから

左外受け、右手ガードしながら左足①のラインへインサイドステップ

①のポジショニングから　右パンチ（左手ガード又は

相手を左手手刀で押し崩し（引き崩し））パンチを引いて（拳固でもよい）

構えまで

③ 右上段パンチに対して　左足のステップバックしながら

左外受け、右手ガードしながら左足①のライン

アウトサイドにインステップと同時に右足④のラインから

右パンチ（左手ガード）右廻し蹴り　フォロースルーを

前におろし構えまで

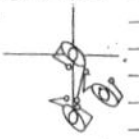

④ 左中段パンチに対して　左足のステップバックしながら

左手下段払いから（右手ガード）から右外受けで斜下内側に流し、

右足②のラインへ　インステップと同時、左足は、相手に向け、

②のポジショニング、相手の後に入り、右パンチ（左手ガード）

パンチを引いて元の構えまで

コクヨ　シヨ－10（45×23）

基本の型 1

No. 3

⑤ 左上段パンチに対して　インステップ、左手手刀上げ受け同時に、

右足②のラインへ送り足、相手を内側に崩しながら

左足インステップ同時に　左足相手に向けて、相手の横後より

右パンチから（左手ガード）左廻し蹴り、蹴り足を⑥の前に

着地して構えまで

⑥ 右前蹴りに対して　左足のステップバックと同時に

左手外受けから左手刀で相手を内側に押し崩し、右手ガードから

左足①のラインへ　インステップしながら①のポジショニングから

左手ガード右中段廻し蹴り（上段可）

⑦ 左前蹴りに対して　ステップバックと同時に左手下段払いから

右足②のラインへインサイドステップし、左手相手の肩を内側に

押し崩し、右手外受けして斜め下に廻して崩し（左手ガード）

から左中段廻し蹴り（上段可）前に着地構えまで

コクヨ　シヨ－10（45×23）

基本の型 1

No. 4

⑧ 左中段廻し蹴りに対して　インファイトの軸足、インステップしながら

左ヒザ・ヒジのダブルブロックから右手外受けと同時に右足

②のラインへ送り　②のポジショニングから左ヒザ蹴り

引き足を引いて後ろの相手に構えまで

⑨ 右中段廻し蹴りに対して　インファイトの軸足インステップしながら

左ヒザブロックと左ヒジブロックを外側にえぐり（回転）

左手外受けで相手の肩（腕）を斜め下内側に廻して崩し、

ブロックの足を①のポジションにおろしながら廻し受けをし

右足④のラインに引いて右ヒザ蹴り、蹴り足を

④のラインで斜め下に引き廻して巻き込み左手で相手を押さえ、

ブロックの足・蹴り足の着地も有利なポジショニングに使う

⑩ 下段右パンチ・右廻し蹴りと蹴り足を引いて元の構えまで

（ポイント）※・投げる前にパンチ、蹴りでカウンターで倒し、多数の場合投げ落とすまでの時間もつめることが目的である。

コクヨ　シヨ－10（45×23）

基本の型 1

No. 5

（ポイント）

○ 各型のパンチの打ち方は、正しいか！チェック（簡単な型ですから）

◎ 各型のパンチをスマアッパー、クロス、下突、ヒジ打ちと変化させて型を行う

◎ 止まって捌くのでなくポジショニングから捌く、止まっていては倒される！

◎ 各型の全てのパンチの次ヒジ打ちを打つ型をたまに行なう

◎ 各型の全てのパンチの後ワン、ツー、ワン、ツー、スリー又はダブル又はヒジ打ちを組合せて型を行なう。

トレーニング法

○ 各型の②③　④⑤⑥　⑥⑦⑧の捌きを続ければそのまま攻めのコンビネーションのトレーニングもできます。

○ 各型の②③　④⑤⑥　⑥⑦⑧の連続の捌きを行なう。

○ 1つ1つの捌きを行なう

○ 捌く方のテーマを決めて
　例えば
　（手だけで捌く
　ポジショニングで捌く
　ステップワークで捌く
　投げで捌く
　パンチで捌く
　蹴りで捌く）

コクヨ　シヨ－10（45×23）

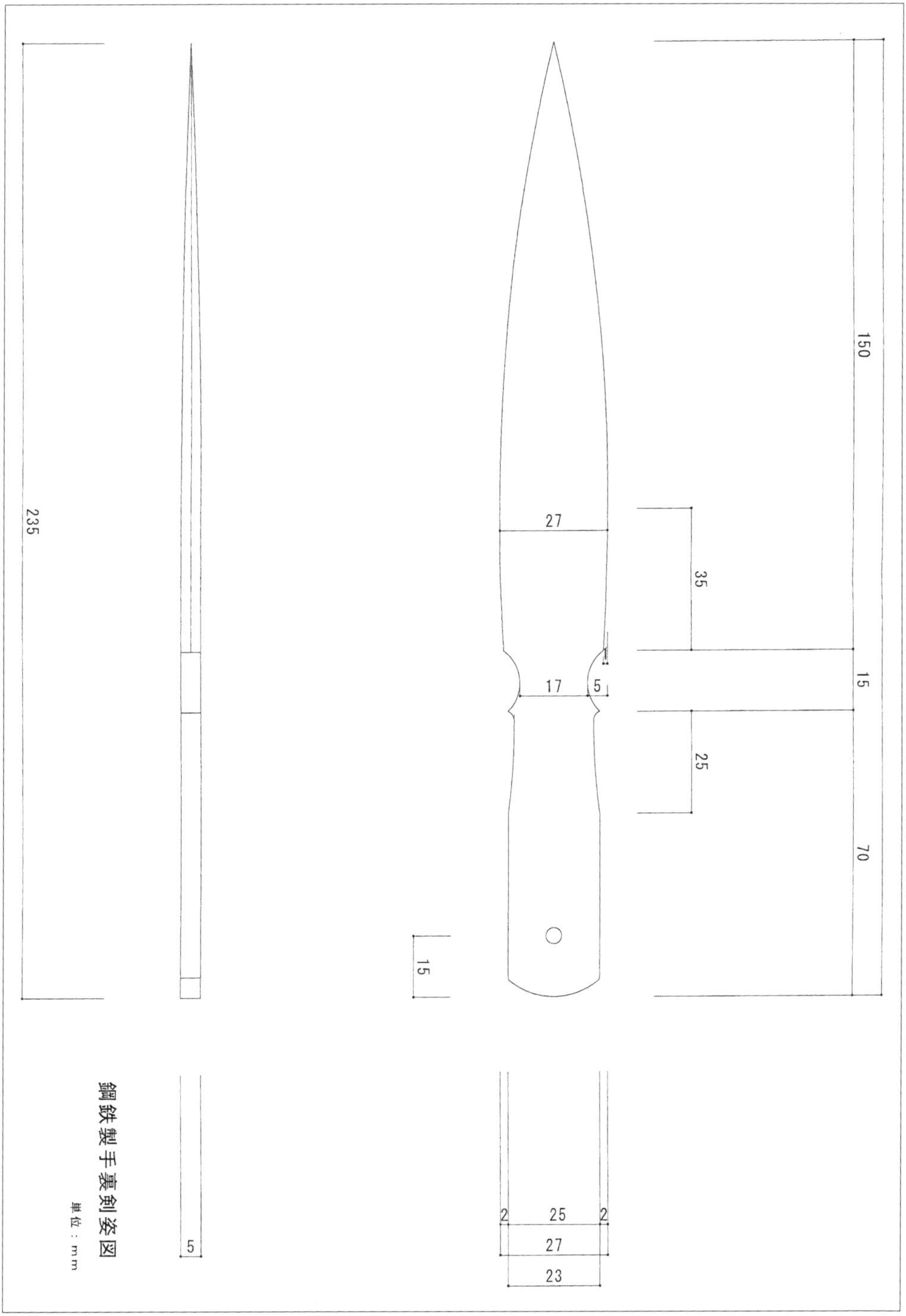

※上図も縮小されています。

おわりに

芦原先生は、生前に三冊の技術書と三本のビデオを世に出されている。それら以外にはない。ただし私の手元には、芦原先生からいただいた多くの資料が残っている。さらに芦原先生からは、先生が出版しようとしていた四冊目の技術書に関する話も多く伺っていた。

私は、芦原先生が逝去されてからも技術書やビデオを研究し続けてきた。それは現在も続いている。この研究には、多くの先輩、後輩のみなさんの力添えも大きい。この本は、私が芦原先生から学び、覚え書きとして記録してきたメモを元にして書かれたものである。さらに芦原先生からいただいたメモや写真、ビデオなども参考にしている。

私は、繰り返し芦原先生の技術書や映像を見ている。もう何百回と見ている。そうすると最初はわからなかったことや気づかなかったことがわかるようになってきた。その結果わかるのは、芦原先生の創造された「サバキ」という術理の世界の奥深さなのである。まだ芦原先生の術理の研究は、緒に就いたばかりである。この書籍が「サバキ」の術理を理解する一助になれば幸いである。

パーク55サンフランシスコにて
矢沢永吉の「いつか、その日が来る日まで」を聴きながら

著者◎松宮 康生　Matsumiya Kousei

実業家・武道家
1984年、「平井和正作品の評論」にてデビュー。

1997年、『最強格闘技図鑑』がベストセラーとなる。その後ブルース・リーの著作の多くを翻訳。その活躍は、イギリス、フランス、香港、アメリカなどで紹介される。幼少期より柔道や古武道に親しみ、伝統派空手で空手指導員となる。その後、芦原英幸氏と出会いその強さに感銘を受け極真会館芦原道場に入門。のち芦原氏が立ち上げた「芦原会館」に参加する。約22年にわたり芦原英幸氏に学ぶが、芦原氏の逝去に伴い退会。その後、元養神館合気道二代目館長井上強一氏に合気道を学ぶ。同時に沖縄唐手の研究を始める。海外で警察、軍関係者に空手を指導。またこの時期映画評論を新聞、ラジオなどで行い護身術の講演、指導を大学その他で行った。「松宮塾」を開塾し武術、語学を指導している。

2004年、CD「退屈な人生は死ぬより悪いぜ」を発売。トークライブが人気を博した。

2017年、『ケンカ十段と呼ばれた男 芦原英幸』でAmazon人気NO.1を獲得。現在は、実業家としてビジネスの世界で活躍する一方で「サバキ」の術理研究を行う。

●オフィシャルブログ
「松宮康生の最強格闘技図鑑」https://ameblo.jp/storongest3-sabaki9/
「Samurai Bushido Channel in Japan」https://www.sbcinjapan.com/
●オフィシャルメルマガ
「最強格闘技解体新書」https://www.mag2.com/m/0001519050.html
●オフィシャルYou tube
「Sabaki Channel」https://www.youtube.com/channel/UCH532rg9lApo9s2lRZg_x8A
●オフィシャルFacebook
https://www.facebook.com/matsumiya.kousei

協力●芦原会館（西山亨、湯浅哲也、内田真弘）
心体育道（廣原誠、里健志）
英心会館（石本誠、青木優昌、森田慎也、横田裕之）
資料協力●空手古書道連盟、日本武道具、空本秀行
本文デザイン●澤川美代子
装丁デザイン●やなかひでゆき

◎本書は、武道・武術専門誌『月刊秘伝』2018 年 7 月号～ 2019 年 6 月号に連載された「What is SABAKI ?」をもとに単行本化したものです。

天才空手家が遺した“打たせず打つ”術理
芦原英幸 サバキの真髄

2020 年 1 月 1 日　初版第 1 刷発行

著　者　　松宮康生
発行者　　東口敏郎
発行所　　株式会社 BAB ジャパン
〒 151-0073 東京都渋谷区笹塚 1-30-11　4・5F
TEL　03-3469-0135　　FAX　03-3469-0162
URL　http://www.bab.co.jp/
E-mail　shop@bab.co.jp
郵便振替 00140-7-116767
印刷・製本　中央精版印刷株式会社

ISBN978-4-8142-0254-6 C2075

※乱丁・落丁はお取り替えします。

BOOK Collection

空手と太極拳でマインドフルネス
～身体心理学的武術瞑想メソッド～

相対的強さ(試合で勝つ)から、絶対的強さ(生きやすさ)にパラダイムシフト！　空手に太極拳の「柔」の理を融合し、身体感覚を磨けば、真の強さ（＝どんな状況でも生きのびる力）が養える！　気鋭の身体心理学者にして武道家の著者が、オリンピック空手とは対極にある「本質的な武道空手」の取り組み方を教えます！

●湯川進太郎 著　●四六判　●268頁　●本体1,500円+税

秘めたパワーを出す、伝統の身体技法
だから、空手は強い

東洋医学×解剖学──「理」を知り、使う！　「活殺自在」──人の身体に対する作用を「活」と「殺」の両面から見て、同時にそれらの具体的な技術を追求しなければならない。「空手はなぜ腰から突くのか？」──現代格闘技とは一線を画す、知られざる徒手伝統武術の理。知れば強くなる合理的身体技法の秘訣を、東洋医学的視点（経絡・経穴等）と解剖学的視点（骨格・筋肉等）から解き明かす！

●中山隆嗣 著　●四六判　●280頁　●本体1,400円+税

"見えない"空手の使い方
「武道空手」の実戦技術

脱･スポーツ空手！　武術的身体操作に基づく様々なテクニックを写真解説！

古人が遺した武道としての空手には､「小よく大を制す」という深遠な術理が存在している。本書では､その武道空手の理となる三要素「正中線」「居着かぬ足捌き」「浮身と沈身」がテーマに基本技や型による具体例を豊富な写真で示しながら､誰もが修得できるように構成されています！

●柳川昌弘 著　●四六判　●224頁　●本体1,500円+税

空手の命 ～「形」で使う「組手」で学ぶ～

「オリンピック種目決定の今こそ知る、武道の原点!」だからKARATEは世界に!

沖縄古伝の術理で全てがわかる。「四十年以上空手に触れてきても、空手はますます魅力的で日々新たなことを教えてくれる」─作家にして空手家　今野敏氏　登場&推薦!　スポーツとして益々人気が高まっている空手は本来、沖縄発祥の武術、伝統的な身体文化である。本書では、さらに中国武術までルーツを辿り、空手の"深奥"に踏み込む!

●「月刊秘伝」編集部 著　●A5判　●184頁　●本体1,600円+税

身体心理学で武道を解明!
空手と禅 マインドフルネスが導く"全方位的意識"へ

武道の本質は格闘スポーツではなく、マインドフルネス的活動（｢今ここ｣の身体を追求すること）だった。呼吸を重視して徒手で単独形を行う空手は、特に禅的アプローチがしやすい。古の達人が到達した境地へ身体心理学から迫る！意識のエクササイズ、呼吸のエクササイズ、マインドフルネス瞑想、坐禅、空手禅（サンチン形エクササイズ）etc…。すぐに試せる実践方法も紹介！　禅僧・藤田一照氏との特別対談も収録！

●湯川進太郎 著　●四六判　●228頁　●本体1,500円+税

BOOK Collection

新世紀身体操作論　**考えるな、体にきけ!**

本来誰もに備わっている“衰えない力”の作り方!

“達人”に手が届く!　とっておきの日野メソッド多数収録!　「胸骨操作」「ラセン」「体重移動」…アスリート、ダンサー、格闘家たちが教えを請う、身体操法の最先端!　“自分はできてなかった”そこからすべてが始まる!　年老いても達人たり得る武術システムの不思議!意識するほど“非合理”化する身体の不思議!　知られざる「身体の不思議」すべてを明らかにする!!!

●日野晃 著　●A5判　●208頁　●本体1,600円+税

感覚で超えろ!

達人的武術技法のコツは“感じる”ことにあった!!

これを知らずして、空手は語れない。第一級の奥義書＆資料！　沖縄を発祥とする徒手武術を整理体系化し、史上初めて空手流派（剛柔流）として確立した人物、宮城長順の実践理論を詳解。スポーツ化された現代の空手とは一線を画す、武道空手の原点を提示します。型から秘技を見つける方法、なぜ単独型があるのか、三戦の極意、知られざる空手の歴史…etc.　全ての空手家、必読の書です。

●河野智聖 著　●A5判　●176頁　●本体1,600円+税

武術の「実践知」と「エナジー」を使いこなして

水のごとくあれ!

柔らかい心身で生きるための15の瞑想エクササイズ

水は優しくて力強い。個体にも気体にもなり、決まったカタチはなく、どんな容れものにも適応できる—。本書では、人間関係など日常の問題に武術の原理を適用し、水のごとく即妙に応じて生きるための考え方や、すぐにできる瞑想法、心掛けなどを紹介！武術の核心を逆輸入的に気づかせてくれる、アメリカ人武術家の名著『Be Like Water』の日本語版！

●ジョセフ·カルディロ 著　●四六判　●264頁　●本体1,400円+税

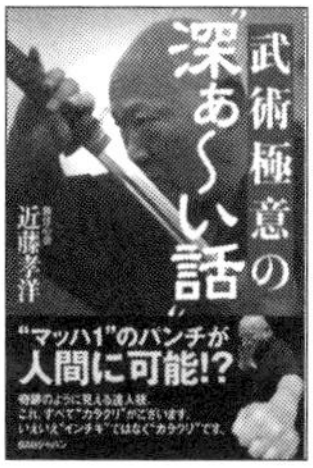

武術極意の深ぁ〜い話

“マッハ１”のパンチが人間に可能!?　唯一無二の面白さ！　誰も教えてくれなかった達人技のヒミツがわかる！　奇跡のように見える達人技。これ、すべて“カラクリ”がございます。いえいえ“インチキ”ではなく“カラクリ”です。信じられないような“達人技”を、読んだ事ない“達人テイスト”で解説！　剣術・合気・柔術・中国武術〜あらゆる武術極意のメカニズムがわかる！

●近藤孝洋 著　●四六判　●248頁　●本体1,400円+税

サムライ·ボディワーク

日本人が求める身体の作り方は日本人が一番知っていた!

強靭な“基盤力”しなやかな“自由身体”敏感な“高精度システム”　カタカナ・メソッドばかりがボディワークにあらず！伝統・古流武術こそが理想のボディワークだった！！体幹を強化し、全身をしなやかに繋げる！振り棒、四股、肥田式強健術、自衛隊体操自彊術、茶道、野口体操、弓道etc.　武道雑誌『月刊秘伝』で紹介された、選りすぐりの“知られざる究極身体法”を収録したトレーニング集！

●『月刊秘伝』編集部 著　●A5判　●176頁　●本体1,600円+税